U0789342

# 齊乘　卷四之五

齊乘 卷四之五

# 齊乘卷之四

益都于欽思容纂

## 古蹟

類例有四各以類書近而相證者則聯書不拘以類一曰城郭記古井邑二曰亭館該乎棟宇三曰丘壠丘陵墳衍系焉四曰志聞碑銘詩說終焉凡此皆古人之蹟也蹟于書者人存其政舉蹟于地者人亡其處在過黍離而興悲臨廣武而有歎曠千載而相感者其在兹歟

### 城郭

廣縣城○益都府南瀑水澗側漢廣縣故城元魏嘗以



置青州遺址猶存土人目爲古青州

廣固城○府西北堯山下齊記云晉永嘉五年刺史曹嶷所築有大澗甚廣因之爲固故曰廣固初南燕慕容德議所都潘聰曰青齊沃壤號曰東秦地方二千戶餘十萬四塞之固負海之饒可謂用武之國廣固者曹嶷所營山川阻險爲帝王之都德從之及劉裕圍慕容超城側有五龍口險阻難攻兵力疲乏河間人元文說裕曰昔趙攻曹嶷望氣者謂澠水帶城未易攻拔若塞五龍口城當自破石季龍塞之嶷果請降後五日雷雨震開之慕容恪攻段龕亦塞五龍口龕遂降今舊跡猶存宜試修塞裕從之超城中男女

皆患脚弱病者大半遂出奔爲裕所擒此緣城閉日久氣鬱不通自然生病自古兵革間多有之裕不學故爲元文所誑耳其城爲裕所夷無復遺跡

臨淄古城○臨淄縣北雉堞猶存齊記補謂齊古城周五十里高四丈十三門其西雍門韓娥鬻歌之地又有稷門下立學舍所謂稷下學齊宣王聚文學游說之士鄒衍淳于髡田駢騶奭接子愼到環淵之徒皆賜列第爲上大夫(縣北有大夫店由此取名)不治而議號稷下學士荀卿嘗爲稷下祭酒又鄭康成云齊田氏時學舍所會號棘下棘稷音相近即稷下也亦魯城地名左傳陽虎劫公伐孟氏入自東門戰于棘下西南有申



門門外申池左太沖賦謂之照華池郡國志謂之左右池即系水原也北曰章華門史記蘇代自燕入齊見于章華門者是也城東北五里餘有雪宮遺址(見寰宇記)又西北系水之側有梧臺水經注楚使聘齊齊王饗之梧宮臺臺甚層秀東西百步亦宋愚人得燕石之處有漢熹平五年碑題云梧臺里又南歇馬臺土人以爲晏子作歌之臺或又以爲簡公之檀臺皆不可攷齊城在戰國時蘇秦謂城中七萬戸漢高又謂愛外婦子以齊言者皆封之故齊地惟此城獨大意其全盛之時車轂擊人肩摩連衽成帷擧袂成幕揮汗成雨者信不誣矣

石槽城○臨淄東十里卽古安平城因城內有石槽故名魯莊公三年紀季以酅入于齊杜注齊國東安平縣有紀季墓北有冢土人云敝無存冢疑卽季墓田單封安平君卽此

西安城○臨淄西三十里耿弇討張步謂西安小而堅卽此東有晝邑城王蠋鄉也弇進軍晝中居兩城之間路史云風俗通有齊大夫晝氏邑孟子宿晝晝在臨淄晝在西安今卽晝水號宿菑水晝乃晝之訛不應有二

索頭城○臨淄東南二十里女水之南後魏慕容白曜圍沈文秀于青州築此城因有索頭村

朱虛城○記云臨朐東六十里孔融爲黃巾賊所敗嘗保此城蓋融保都昌與此相近又有東陽城亦曰凡



城左氏曰晏弱城東陽又有校音效城武帝封城陽王子雲爲侯臨原城封菑川王子始昌爲侯皆在臨朐東見寰宇記

斟灌城○壽光東四十里寰宇記云斟灌城亦名東壽光自金爲斟灌店按有窮后羿拒太康代夏政仲康子相立依同姓諸侯斟灌斟尋氏羿相寒浞殺羿使其子澆卽也豷殺斟灌以伐斟尋滅夏后相后緡方娠逃出自竇歸于有仍生少康焉杜征南謂壽光縣東南有灌亭漢北海郡有斟縣應劭謂平壽爲古斟尋東南有斟亭京相璠曰斟尋去斟亭七里然則斟國在齊明矣皇甫謐乃謂斟灌在衛臣瓚謂斟尋在河南引夏

都爲證顏監曰應氏止云掛尋本是禹後何預夏國之都乎瓚說非是

紀城○壽光南三十里春秋之紀國通志曰紀本在東海贛榆後遷劇亦稱紀城內有臺高九尺俗曰紀臺城旁有劇南城漢劇縣也爾雅云七達謂之劇驂北海劇縣有此路

王胡城○壽光北二十里古益都城也漢武元朔元年封菑川懿王子胡爲益都侯薨子廣嗣廣薨子嘉嗣元鳳三年坐非廣子免

益城○壽光南十里漢益縣城寰宇記以爲益都城云魏始于此立縣非是土人稱王子胡者正益都城耳



豐城○壽光西二十里輿地記本漢菑川國城司馬懿伐公孫淵北從豐人住此改曰南豐城

樂望城○壽光東二十里漢宣帝封膠東戴王子先爲樂望侯今曰王望店王望北十餘里又有古城土人名曰女直營金人屯兵之所

延鄉城○水經注千乘有延鄉城世謂之從城延從字相似野溝水出此西北入時水今樂安西北有此城漢元帝封李譚延鄉侯俗又云會城

千乘城○郡國志高苑縣北二十五里古千乘縣以齊景公有馬千駟畋于青丘得名縣北有青丘濼卽今清水泊也又子虛賦注曰青丘山名出九尾狐在海

外益瀕海耳漢高置爲郡和帝更名樂安國千乘縣
竝屬焉至隋開皇初移縣置廣饒此城遂廢其東復
有漢利縣古城云

被陽城○寰宇記高苑縣西南漢武封齊孝王子燕爲
被陽侯

廢濟陽城○唐景龍元年析高苑置在濟水之北尋廢
故城在縣北九十餘里

薄姑城○元和志在博昌東北六十里卽殷末薄姑氏
舊都今博興東北俗呼爲嫌城者是又書序成王伐
奄遷奄君于薄姑奄在魯不知薄姑又是何地

博昌古城○博興南二十里漢博昌縣城金須知博昌鎭或亦



呼爲薄姑城非是西對古城卽延鄉也

利城○樂安西北二十里漢齊郡利縣

平壽城○濰州西南三十里漢縣古城又有廢下密城
在州西三里隋開皇中於北海縣置濰州移下密縣
于此大業二年併入北海此謂西下密東四十五里
有東下密隋開皇中分下密東界爲膠東縣唐武德
初廢此城今在昌邑東南俗呼密城拒州不止四十
五里又東南有後魏皇興初所置膠東縣城州東南
三十里有漢桑犢城竝見寰宇記白狼水出小王莊
正桑犢地

廢昌樂城○濰州西五十里古緣陵春秋淮夷病杞諸

侯城緣陵而遷杞齊侯與之車百乘甲一千此城東南十餘里有營陵城又南安丘北海界上有起城營陵卽緣陵見漢書注起卽杞耳在漢曰營陵縣元魏又曰營丘謂卽太公所封者非是唐初權置杞州後爲縣宋改曰安仁尋又改曰昌樂國朝至元三年廢入北海今廢城內有玉華宮舊名神游觀宋宗室淄王瑞華堂碑刻在焉

訾城○昌邑縣西北海濱春秋齊師遷紀郱鄑郚杜注北海都昌西有訾城則鄑地俗呼爲瓦城半爲水漸城南有孫武廟

營城○昌邑南五里有大營城北五里有小營城南城



卽古都昌不知何故謂之營城豈孔北海與黃巾相拒屯兵遺跡邪

古諸城○密州西南三十里春秋時魯邑季孫行父城諸及鄆

姑幕城○商侯國漢晉爲縣郡國志引博物記曰城東南五里有公冶長墓寰宇記則謂長墓在密州西北五十里姑幕在莒縣東北百六十里詳此則姑幕城當在密州

昌安城○安丘縣之外城漢石泉城後漢併入昌安在縣西南十里寰宇記謂之安昌城今按張禹封安昌侯乃汝南之縣又云西南十二里有安丘城實一城

耳記皆誤

平昌故城○安丘南六十里漢平昌縣屬琅邪亦爲侯國文帝封齊悼王子卬爲平昌侯後徙封膠西王

郚城○安丘西南六十里春秋齊遷紀郱鄑郚杜注朱虛縣東南郚城漢爲梧成縣後魏于此置平昌郡高齊改爲琅邪縣隋改曰郚城大業末廢

淳于城○安丘東北濰汶二水交處古有此城按通志武王封禹後東樓公于杞（汴梁杞縣）九世成公遷于緣陵（濰州昌樂）至文公又遷居淳于號州公春秋州公淳于如曹是也後爲杞所幷遷江南杞東樓之孫周亦封于牟婁隱四年莒人伐杞取牟婁今諸城北有婁鄉安



丘南有牟婁山俗訛作朦朧山卽其地

城陽城○安丘南八十里漢城陽國亦曰龍臺城城內有臺高六丈臺下有井與荆水通失物于井或于荆水得之有神龍出入其中故曰龍臺

鄑城○安丘南與郚城相近漢武封菑川靖王子成爲鄑侯

計斤城○膠州南五里春秋之介根漢計斤縣語音有輕重耳莒子初都此後徙莒今有兩塔對立曰東西計斤

祓城（音廢）○膠州西南七十里漢祓侯國屬琅邪俗曰肥城廢音之轉也記謂祓城無跡可考當在臨朐者非

是

黔陬城〇高密縣西六十里兩城夾膠水而立縣道記曰黔陬秦所置在高密郡東北古介葛盧國也後移縣于膠水西相去三十里謂之東西二城高齊天保間廢介葛盧墓在東城側

龍且城〇高密西南四十里濰水之東楚將龍且所築水西即且冢冢南曰梁臺韓信囊沙壅水之地亦曰城陰城

夷安城〇路史云夷安古維國有維水寰宇記謂今高密縣理東南外城即夷安城晏子萊之夷維人漢爲縣屬高密國詳此則今縣理正古夷安城西北舊城



乃宋縣耳

高陽城〇高密西北三十里漢成帝封淮陽王孫竝爲侯一名膠陽亭大業末廢今有高陽村

稻城〇高密西南濰水堰側土人呼堰爲趙貞女防南有高堤謂是岑彭冢皆謬此即稻城遺跡春秋稱琅邪之稻自漢有塘堰蓄濰水以溉稻因名其城武帝封齊孝王子定爲稻侯郡國志亦謂之鄭城康成故宅在此旁有稻田萬頃斷水造魚梁歲收億萬號萬疋梁今其遺跡鞠爲榛莽矣

拒城〇高密南三十里漢縣根艾水出此東入海今曰拒城河

古膠西城○高密東南二十五里膠墨二水之間隋置膠西縣在此大業末廢于賊土人呼爲諸晏城以前有晏子冢故也

不期城○即墨西南二十七里漢琅邪郡不其縣有太乙仙人祠及明堂武帝所起寰宇記云古城約周十餘里後漢改屬東萊晉於此置長廣郡高齊廢之隋開皇十六年于此城東北二十七里置即墨縣今故城在縣西南

皐虞城○即墨東五十里漢武帝封膠東康王子建爲侯以旁有王吉廟亦曰琅邪城又西有祝兹城漢初徐厲及康王子延年皆封祝兹侯而兩漢無此縣葢



是鄉聚之名取爲國號耳公孫宏封平津霍光封博陸之類是也

壯武城○地記即墨西六十里古夷國漢壯武縣屬膠東國晉封張華爲壯武侯今華廟在膠州西南即壯武地

莒城○莒州治外郭周四十餘里內城周二十里子城周十二里寰宇記曰縣理在故城城三重皆崇峻惟南開一門無知之難小白奔焉樂毅攻齊守嶮全國列女傳齊人杞梁殖襲莒戰死其妻哭於城下七日而城崩琴操一說殖死妻援琴悲歌曰樂莫樂兮新相知悲莫悲兮生別離哀哉皇天城爲之崩一說妻泣曰上則無父中則無夫下則無子人生之苦至矣乃放聲長號杞城爲之頹遂投水而死其妹

朝日悲之爲作是歌皆後來追述後說近是

海曲城○莒州東百六十里地有東呂鄉太公望所出後漢紀琅邪呂母結衆爲子報仇殺縣長起此赤眉皆其黨今有呂母固

曹公城○莒州南二十里魏武征陶謙所築今曰五花營

高鄉城○莒州東南七十餘里漢侯國宣帝封城陽惠王子休爲侯晉永嘉後城廢疑即今十字路城又有高廣新山昆山皆漢侯國竝在州南無迹可攷

箕城○莒州東北百里箕屋山下濰水出此漢宣封城陽荒王子文爲侯

折泉城○漢侯國記附密州亦云失其所在然水經折泉水出松山今曰分流山在馬耳山西城當屬此地

團城○沂水東北三十里城正圓因名團城隋開皇十六年嘗于此置沂水縣後廢爲鎭

蓋城○沂水西八十里蓋公先國陳仲子兄戴蓋祿萬鍾即此漢爲縣景帝封王皇后兄信爲侯隋開皇中於此城置東安縣後廢入沂水

向城○沂水西南春秋隱二年莒人入向通志云沂州有古向城寰宇記云夜頭水一名向水經漢樺城南入海向城在莒縣南蓋今沂州之向城鎭是也

郈城○沂州東三十六里左傳定公十年叔孫州仇帥

師圍郈隋開皇十六年于此置臨沂縣大業二年移縣于今州理此城遂廢通志郈邑又在鄆州須城非是

即丘城〇沂州南五十里路史云祝丘祝融氏之後沂東南五十里即丘城是也桓五年城祝丘齊魯之音祝即相近漢爲即丘縣至高齊廢今州西三十里乃漢厚丘城土人以爲即丘州南即丘爲新城皆誤

開陽城〇今曰鄅城 沂州北十五里古鄅國祝融之後風姓又云夏禹之後昭公十八年邾人入鄅杜注謂琅邪開陽開本作啓叔孫州仇城啓陽是也漢避景帝諱改爲開漢官儀曰洛陽城南東第一門始成夜有一



柱止樓上開陽縣上言南門一柱飛去即洛城門柱也光武建武四年封子京爲琅邪王初都莒莒有城陽景王祠神數下言宮中多不利京上書願徙開陽肅宗許之今城側有京冢廟

郯城〇沂州東南百廿里通志曰郯祁姓子爵或曰嬴姓少昊之後春秋時郯子朝魯能辨古官仲尼師之城內郯子宣聖共廟後漢志郯有勇士亭古勇士萬丘欣也

王僧辯城〇沂州東北四十里梁將王僧辯所築土人目爲諸葛城不知所據又州城東北有小營城晉元帝之發干戍營也

鍾離城○沂州西南百餘里路史云鍾離徐之別封今沂之鍾離城乃晉吳會處其後徙九江吳滅之郡國志謂此城楚將鍾離眛所築按韓信傳眛家在伊盧東海戚朐有此邑城或於其鄉邑耳眛素與信善羽敗眛亡歸信信時爲楚王及高祖僞游雲夢信恐見禽或說信斬眛謁上必喜亡患眛曰漢所不取楚以眛在公若捕我以自媚吾死公隨手矣乃罵信曰公非長者卒自剄信持其首謁陳爲高祖所擒先儒謂李廣之不侯以斬灞陵尉欽亦謂信之不終以負鍾離眛且樊於期以窮歸燕太子丹猶不忍負況眛楚之忠臣已之良友以窮來歸乃始容而後負之可乎



以信之智獨不能如魯朱家爲季布地乎信罪大矣

襄賁城<sub>音肥</sub>○鍾離城相對漢末劉虞初封容丘侯進封襄賁侯虞郯人也故封鄉國俗訛作鱉城

古費城○費縣西北二十里古費伯國姬姓懿公之孫後爲季氏邑顓臾城在北所謂固而近于費

古武城○費西滕東兩縣之間子游絃歌舊邑

南成城○費縣南百餘里齊檀子所守漢侯國屬東海因南成山而名漢末黃巾之亂鄭康成避難此山有註經石室

祊城○<sub>本陽口城</sub>左傳隱公八年鄭伯請釋泰山之祀而祀周公以泰山之祊易許田許在鄭地祊即此城寰宇

記云自漢費縣移理祊城後魏太和間自祊城移縣于陽口山隋開皇三年復自陽口移入祊城卽今縣理也土人乃以陽口城爲祊城又呼爲許田城皆誤

古承縣城○嶧州城西北小城寰宇記曰前承縣理今縣西一里漢承縣古城也晉已後蘭陵郡或理今州城或理鄫此城自爲承縣宋始移焉

古鄫城○嶧州東八十里夏少康封少子曲烈于鄫傳國至春秋襄公六年莒滅之後屬楚漢晉竝爲繒縣其後省入蘭陵隋初鄫州理承縣城大業二年始移蘭陵郡理此後爲山賊左君衡所據唐武德初平賊復置鄫州理此城

郳城○鄫城南邾夷父顏有功于周次子友父別封小邾爲魯附庸居於郳樂史云郳城在承縣土人曰小灰城小邾之訛也

蘭陵城○州東南六十里古魯之次室邑列女傳魯次室女倚柱而歎曰君老太子幼諸女笑之次室女曰君老必愚太子幼必悖愚悖之間其亂必生竟如其言次室邑後爲楚地改曰蘭陵春申君封荀卿爲蘭陵令城南有荀卿墓城北有蕭望之墓欽按君老子幼不得伊周之付託必亂然未亂而先見者少矣以荀卿之智尚不鑑黃歇之敗次室女其賢乎

偪（音福）陽城○州南五十里古妘姓之國祝融之孫陸終

第四子求言封于偪陽後爲晉所滅後漢爲傅陽縣屬彭城

古薛城○滕州東南五十里薛任姓顓頊少子陽封于任十二世孫奚仲爲夏車正禹封爲薛侯遷于邳至孫仲虺爲湯左相復居薛六十四世至慇侯洪爲齊所滅（奚仲廟在城中墓在城南）齊封靖郭君田嬰于此郡國志孟嘗君時薛城中六萬家其城高厚無比以抗楚魏也至今多英傑子弟葢有文之遺風文父子墓竝在焉水經註云冢結石爲郭作制嚴固瑩麗可尋今墓已闢發內如宮室以銅鐵鑄壁扣之有聲堅不可動

仲虺城○（俗曰斗城）薛城西三十里晉太康地記曰奚仲遷



于邳其後仲虺復居此漷水經城北西入于泗

滕城○州西南十五里古滕國城秦縣之漢初夏侯嬰初爲滕令號滕公因秦舊孝武改爲公丘故地志以爲公丘城

濫城○州東南六十里左傳邾黑肱以濫來奔又名昌慮城後漢建安中曾于此立昌慮縣有藍鄉即此邑或又名戚城漢戚朐縣亦屬東海

古郳城○鄒縣南周武王封祝融安期之裔挾于郳爲魯附庸十二世至儀父始見春秋齊桓興霸儀父附從進爵稱子又十四世至邾文公乃遷于繹繹本鄒山故亦稱鄒此城葢其始封之邑也漢嘗以爲南平

陽

鄒城○嶧山南二里邾遷于繹依繹山以爲邑漢志曰城東門外有韋賢墓今此山前古城猶存石表大刻曰漢丞相韋賢之墓此亦漢縣也

逢陵城○般陽府東北四十里逢伯陵商之諸侯封于齊薄姑氏代之後太公又代之逢蒙逢丑父皆其後或曰此卽丑父之邑也

反蹤城○般陽北記謂齊景公失馬尋蹤遂得于此輿地記云魏明帝景初二年以遼東新沓民渡海來歸于此置新沓縣以居之

萊蕪城○般陽東南六十里齊靈公滅萊萊人播遷于



此邑落荒蕪故稱萊蕪後漢范史雲爲萊蕪長淸儉守節百姓歌之曰甑生塵范史雲釜生魚范萊蕪卽此邑城西有韶山出鐵代置鐵官范史雲名冄

於陵城○長山縣南二十五里風俗通曰陳仲子齊世家辭爵灌園居于於陵史記謂於陵在楚路史謂於陵商世侯國在淄之長山者是余按仲子亦高潔矣孟子但譏其避兄離母或至敗倫亂俗後世亦曷常有斯人哉正足以厲衰俗耳

高苑故城○長山北二十里苑城店因此名

古濟南郡城○長山西北菑漢濟南郡理也

曲成城○萊州東北六十里海邊漢曲成縣三山萬里

沙皆在此晉改爲曲城隋末廢唐武德四年復六年
又廢

當利城○萊州西南四十里漢當利縣至高齊廢又有
陽樂城在當利北陽石城卽陵石侯國在當利南皆
漢縣也見十三州記

臨朐城○萊州北二十餘里漢縣顏監曰齊郡已有臨
朐而東萊又有此縣各以所近爲名縣道記城在海
水祠北約五六里去海二十里然今海廟宋初所建
去海才二三里與古不同矣

沙丘城○萊州北相傳商紂所築始皇崩處按史漢皆
云沙丘在鉅鹿縣此後人附會



挺城徒鼎反○萊陽縣南七里漢挺縣屬膠東國

廢昌陽城○萊陽東南二十餘里隋大業間築唐永徽
初爲水壞

長廣城○萊陽東五十里貕養澤在西漢縣屬琅邪後
漢屬東萊高齊置長廣郡于中郎城後移郡于膠東
此城遂廢此卽中郎故城耳郡國志石勒遣中郎將
石同築此以防海故名中郎城

古卽墨城○膠水縣東南六十里正田單火牛城也漢
膠東國領八縣理此俗曰朱毛城北數里有樂毅城
毅圍卽墨時所築

平度城○膠水縣西北六十里漢縣膠水經此城北入

海又盧鄉亦漢縣高齊併入膠東故城在平度南十餘里

鯀城○登州南十五里此亦有羽山相傳是魏將田頊所築城近羽山取殛鯀爲名

烏湖戍○登州北海中二百六十五里

大謝戍○北海中三十里二戍皆唐太宗征高麗所置後遂爲鎮永徽始廢

故牟平城○州東南九十里漢縣城高齊天保七年移縣置馬嶺山此遂廢

古萊子城○黃縣東南二十五里古萊子國都地名龍門山峽之間鑿石通道極爲險隘土人曰萊子關路史謂卽萊朱國

大人城○黃縣東北二十里司馬懿伐公孫淵築此城以運軍儲

徐鄉城○漢縣蓋以徐福求仙爲名成帝封膠東恭王子炔爲侯

士鄉城○鄭康成謂越有君子軍齊有士鄉城圖記皆云在黃縣按管仲制國爲二十一鄉工商之鄉六士鄉十五豈一城邪

惤城○黃縣西南二十五里漢縣有百支萊王祠高齊天保閒廢

腄音総城○寧海州東三十里秦漢𡈼海縣後併入牟平

唐初置清陽縣後廢入文登城對之罘山臨清陽水故名清陽城清陽漢志作聲洋丹水所出東北入海

育犂城○寧海州西北八十里漢縣後漢省入牟平在㵐港水側其地良沃故名育犂

東牟城○寧海州文登縣西北十里漢縣高后封齊悼王子興居爲東牟侯

不夜城○文登東北八十里海濱漢志云古有日夜出見于東萊萊子立此城有成山日祠雞鳴島解道虎云不夜在陽庭城東南陽庭有青城山始皇射魚處今按青城山卽之罘山也因腄名清陽城故之罘號青城山陽庭卽腄城是



東平陵城○濟南東七十五里春秋譚國齊桓滅之古城在西南龍山鎭相對史記齊世家作郯杜征南謂譚在濟南平陵郯乃東海郯縣從春秋則當作譚以桓公奔莒過郯郯莒相近則當作郯漢爲東平陵縣右扶風有平陵故此加東文帝封齊悼王子辟光爲濟南王都此東晉時此城北石虎一夕移于城南有狼狐千餘隨之迹皆成蹊趙王石虎遂起南寇之計歷代皆爲縣宇文周始廢隋亂土豪李蒲據城歸唐武德二年置譚州平陵縣以蒲爲總管貞觀中州縣相繼俱廢都督齊王祐反土人李君求房繼伯等據縣不從抗表以聞太宗嘉之勑曰齊州平陵百姓自隋末至今常懷忠誠不從寇亂宜加優奬以旌義烈縣依

舊置改名全節其後廢入歷城此城漢爲王都唐爲州治故周二十餘里雉堞高峻三齊記以爲殷帝乙之都按書序自契至湯八遷自湯至盤庚五遷並無都齊者況帝乙乃武乙之子紂之父也武乙帝乙皆居朝歌逮紂而亡豈在此地城西北有陰地數畝天色澄霽亦若雲陰迫視則無記謂青州有地鏡水影蓋亦此類平陵西北十五里有廢奉先縣城

鮑城○濟南東三十里鮑山下禹裔有鮑叔仕齊食采于鮑因以爲氏鮑叔生叔牙進管仲于齊桓其後世爲齊卿鮑城見三齊記山因城名遺山濟南行記作⿰山包山誤也



臺城○濟南東北十三里漢高初封戴野爲臺侯又有平臺城漢縣也在臺城北五十餘里俗曰故軍城

營平城○濟南東三十里漢縣宣帝封趙充國爲營平侯隋唐皆置營城縣後廢入平陵餘見郡邑

巨合城○濟南東七十五里水經云巨合水南出雞山北逕巨合城耿弇討張步進兵先脅巨里即此自宋爲龍山鎮

祝柯城○濟南豐齊鎮東北二里周武王封黃帝之後于祝春秋祝柯齊邑漢爲祝阿縣唐以縣南有廢禹息城改曰禹城禹城移理遷善村此即祝城也西北有野井亭郡國志云即齊侯唁公于野井高唐城見亭館

陽丘城○章丘東南十里漢縣文帝封齊悼王子安爲陽丘侯後漢省至高齊乃以黄巾城立章丘縣

甯戚城○章丘東北三十里水經註楊緒水經甯戚城亦漢孝武封魯恭王子恬爲寧陵侯之邑

朝陽城○章丘北二十五里漢初封華寄爲朝陽侯高齊廢入章丘隋復置改曰臨濟唐屬齊州宋咸平四年復省入章丘以其地爲臨濟鎮古城在鎮東杜預云西北有崔氏城丁公邑

樂安城○章丘臨濟鎮東北八十里地志以爲漢千乘郡後更爲樂安國乃在高苑此葢漢元帝封匡衡侯國耳



亭山城○章丘西南六十里宋元嘉中于此置濟南縣屬頓丘隋開皇初改曰亭山唐元和中省入章丘

菅城○章丘臨濟鎮北記引晉太康志以管叔之後封于此齊滅管故其子孫仕齊愚按書稱致辟管叔古史謂管叔鮮罪大無後管夷吾出自周穆王至夷吾始顯豈管叔之後邪鄭州管城乃管叔所封魯有管邑大夫采地惟齊無管城此即漢之菅城而傳寫致誤

鄒平故城○鄒平西南二十里俗曰趙臺城唐武德初置縣于此後移理今縣城遂廢

隋濟南城○鄒平東北十五里隋開皇中于此置濟南

縣大業初廢入長山

梁鄒城○鄒平東南三十五里漢梁鄒縣高齊天保間自長山界內濟南故城移平原縣于此城隋開皇初自此移縣入鄒平

豐齊城○濟南豐齊鎮南漢茌縣唐天寶元年改爲豐齊元和十五年廢入長清地產牛夏極佳

濟北城○長清縣西三十里

盧城○長清縣南五十里隱三年齊鄭盟于石門尋盧之盟杜注云盧盟在春秋前莫知年代盧卽齊地濟北盧縣故城是也

舊州城○北舊州城棣州南四十里唐棣州理此城五



代梁刺史華溫琪以河水爲害又南徙十餘里土人謂之南舊州城至宋大中祥符四年淸河水復犯此城乃移州北置今理

富平城○陽信東南十餘里張安世子延壽徙封之邑亦名邵城西晉末邵續與段匹磾弟文鴦合兵攻石勒屯此城元帝以續爲平原守後爲石季龍所破

陽信古城○本縣西南七里俗呼城子務

馬嶺城○陽信東十里後魏移厭次理此

大營城○濱州西二十五里金人屯兵所築故丁河口金號鐵門關

榷鹽務○州北門外五代之際所置遺跡尚存

鬲城○德州西北古有鬲國漢縣

鄃城音輸○平原西南三十里漢縣屬清河後漢封馬武爲鄃侯即今夏津縣

重平城○德平西北三十里漢渤海重平縣後魏大明間亦置高齊廢入平昌

繹幕城○平原西北二十里漢縣屬清河高齊省入平原

般城○鉤般河得名郭璞曰水曲如鉤流盤桓也漢縣高齊廢後爲水毀

厭次古城○德州東北二十里本漢富平縣明帝更名厭次元魏時縣東徙馬嶺此其古城



韓信營○平原縣相傳信渡平原襲齊營于此

## 亭館上

益都宣聖廟○府城西北隅有摹嶧山秦碑極精製旁刻云嶧山秦刻磨滅久矣宋初惟江南徐鉉有摹本贊皇李建中傳寫得之遺余曾祖金紫公傳子孫四世踰百年靖康建炎兵火相尋舊藏文籍散落殆盡獨此刻僅存命善工勒于青社郡舍阜昌甲寅河南李仲坦志下刻云盜發文篋褫去皇帝立國惟初六字不復敢補上下刻志五節不能備載石雖豐棱鄒嶧摹本有闕矣有崇寧經史閣碑州縣廟學不煩載有古金石則書

龍興寺○府城西北隅修身坊宋碑云寺即田文宅蓋

本唐封演見聞記云青州南城佛寺舊傳孟嘗君宅
有二大鑊造食供客大者容四十石小者容三十石
李侄毀爲兵器詳考圖志實非孟嘗君宅乃南史劉
善明宅耳碑陰金人刻曰宋元嘉二年但呼佛堂北
齊武平四年賜額南陽寺隋開皇元年改曰長樂又
曰道藏則天天授二年改名大雲元宗開元十八年
始號龍興今寺內有飯客鼓架寺東淘米澗南史劉
善明仕宋爲北海太守元嘉中青州饑人相食善明
家有積粟自作饘粥開倉賑救鄉里皆獲全濟百姓
呼其家爲續命田圖志相傳劉善明宅飯客鼓淘米
澗皆當時事豈善明亦嘗事佛故在宋止呼佛堂後



因捨以爲寺且青州城晉羊穆之始築戰國時未有
此城田文何故宅于曠野蓋後人止慕其名謂能飯
客者必斯人而隱没善明之高義不得不辨寺有北
齊八分碑制刻精妙碑陰大刻四字曰龍興之寺蓋
唐人續刻者寺後天宮院古老柏院也有石刻布衣
張在詩云南鄰北舍牡丹開年少尋芳去又回惟有
君家老柏樹春風來似不曾來旁刻云青州教授畢
仲愈元豐六年至洛謁太尉文公公曰昔范諷補之
好論詩嘗曰青州富庶地宜牡丹春時游樂之盛不
減洛陽古今人作詩者甚多而布衣張在一絕最爲
可愛補之爲余誦之誠有意思皇祐中余爲青守大

書于西廡之壁今三十年矣予歸試往觀之仲愈還至老柏院其壁已壞因題于天宮院之石柱俾匠者刻之張生之詩既爲四方所傳而詩之所自不可不知也故具書公語而刻于左

城隍廟○龍興寺東者舊相傳金正大間益都有潘府尹者暮見城隍來謁曰公昔典漕枉殺二人今以相付卽有二鬼相隨驅之不去逾年尹死今上清宮潘尹故宅也柱上猶有斫鬼刀痕事極可怪如近歲濟南憲司有徐好古僉事由分司歸常鬱鬱不語一夕家人熟寐好古忽起抽刀先殺其妻又殺其長子婢媵死者數人惟幼子突窻開得逸徐乃自屠出腸而



死竟不知其故其居宅後棄爲照磨廳事愚到官始毁之而建架閣庫焉此事衆所目擊四方共聞潘尹事亦不誣矣慮刑者可不戒哉○廟亦隨郡皆有亦不煩載餘如東嶽行祠府君三陵諸祠皆然

普照寺○府東北隅美政坊古名皇化寺僞齊劉豫改名普照相傳南燕主慕容行宮金大定碑刻存焉寺後東陽陵慕容德虛葬之冢近歲始爲人所夷

太虛宮○普照寺南初金季有全眞道士丘長春自棲霞西入關過益都知府事徐君館之長春相其宅曰此福地也徐卽施與之遂卜築焉井鹵不食使弟子詛茶投之卽成甘泉

海岱樓〇府城內其西宣慰司公署皆金統軍司衙也

金人有榮鎮中和二堂

范公亭〇府西門外文正公知青州有惠政陽溪側出醴泉公搆亭泉上民感公德皆以范公目之燕談云環泉古木蒙密塵迹不到去鄽市數百步如在深山中幽人逋客往往琴詩試茗于其間真如物外之遊也最爲營丘佳處歐陽文忠公劉貢父張禹功蘇唐卿諸賢多賦詩刻石置亭中其後金人亦有醴泉碑兵後俱亡

表海亭〇府城北南陽橋北惟古臺存焉取左傳世胙太公以表東海爲名不知創于何代自歐陽文忠公知青州已有詩近代任君謨詩有石刻兵後不存有錄之者竝載于後

富相亭〇府南瀑水澗側富文忠公知青州所建歐公遊石子澗詩謂富相公創亭後人又建冰簾堂皆廢微醉翁筆先賢遺跡殆將泯焉

武成王廟〇府北舊城內有宋大中祥符元年真宗御贊碑存焉

碑亭〇舊城北世祖皇帝平李璮後賑䘏青人民立聖德碑翰林閻復子靜文

國王廟〇舊城北王名木華里招降李全有德于青人故立廟

郭大夫廟○齊記補曰劉裕既克廣固城齊人郭大夫相水土勸羊穆之築東陽城爲青州後人爲大夫立廟于雲門山前或云益都城在山陰其雲門劈山皆始城者疏鑿以宣風氣審爾豈大夫所爲乎府東五十里洱水東岸有郭朴墓碑土人以爲卽大夫之塋也

三元閣○舊府城內寇萊公典郡日所建今廢

羅漢洞○府西山中疑卽齊記補所載七級禪寺

常將軍廟○臨朐穆陵關上齊記補曰將軍秦昭宣帝時爲大峴戍主建元中戰沒後人立廟此山皆石爲之按通鑑晉孝武太元九年謝元乘秦亂遣兵攻青州降之時苻堅建元二十年也將軍蓋與元戰死唐沈亞之沂水雜記又云沂水北一百里有將軍峴甚靈民置祠路左將軍曾爲五郡牧姓常名元遍因築城失主將意斬之其屍數日不仆有臺曰立屍臺臺西南曰鞍山山北有關曰穆陵關李師古不臣作鎭于此元和初罷之南有沂山山有廟卽東安公也沂州刺史每春月禱于是山山有谷九十九所河分八大曰沂曰汶汶東注濰沂南流入淸沂山東南有山曰太平山頂平可八九十里頃歲有寇曾居之山北十餘里有樹五壇此亞之記所說常將軍事迹與齊記補不同而齊記補近是今兩存之五壇者劉裕伐

南燕兵過大峴而喜曰兵已過險士有必死之志餘糧棲畝人無匱乏之憂虜已入吾掌中矣遂設祭天五壇遺址尚存

冶官祠○臨朐南冶原酈道元曰熏冶水出西溪溪上有冶官祠廣雅云金神謂之清明葢古冶官故取稱焉水色澄清特異中有古壇邃岸淩空疎木交合先公太和中作鎮海岱余總角之年侍節東州此實棲遊勝地澠水燕談曰青之南有冶原昔歐冶子鑄劍之地山奇水清旁無人烟叢筠古木氣象幽絕富韓公之鎮青也聞劉孟節先生累官不起欲隱此地乃爲築室泉上爲詩以貽曰先生已歸隱山東人物空



古碑猶存而境物因人之勝則蕩然矣

阿育王塔○臨淄城西高僧傳石虎于臨漳修治舊塔少承露盤佛圖澄曰臨淄阿育王塔地中有佛像承露盤虎掘得之齊記補云唐太和中建寺五代無棟僧道圓居之與宋太祖有舊加號葢國大師增塔爲十二級祥符中更名廣化寺又載黄康弼詩云齊野非吳渚支郎是子陵釣臺千古月寶塔萬年燈又臨淄東南天齊淵側有石佛三尊各長丈有八尺不知年代

古天齊觀○臨淄城內金大定間道士楊善淵卜此地建三清觀掘得古甎志云大齊丙戌二年南郭石羊

巷楊道圓施花瓠三千在天齊觀因知此地高齊時天齊觀故基也今南郭石羊猶存

呂仙翁祠○博興城內祠即韓氏酒壚仙翁嘗飲于此書屋壁云呂嵓獨酌洞濱宣和壬寅六月書凡十三字後盜焚民居殆盡惟韓氏室完土人因名爲辟火符靖康間邑人乃于社稷壇碑陰模勒仙書立于祠前社壇碑亦宣和間物圖志攷訂極爲精妙可爲後法愚按仙翁游人間多稱回道人如沈東老詩類是也惟此顯書姓名賓字復加水豈以辟火而然邪州北三十里居民張氏家亦有祠擣衣石上隱然飛劍形影



錦秋亭○博興東南城上中統間邑人所建取坡詩命名葢齊地菑時般濼衆水瀦爲馬車瀆以入海博興宛在水中舟檝交通魚稻成市昔常過之愛其風景絕類江南賦詩亭上云霜風收綠錦萬頃水雲秋海氣朝成市山光晚對樓舟車通北闕圖畫入南州且食鱸魚美吾盟在白鷗其鱸雖小亦四腮不減松江有蓴菜齊人皆不識目鱸爲豸魚云

孔北海祠○濰州公署後北城上宋政和四年太守安陽韓公建又有論古堂亦韓所搆今皆廢論古堂碑略云學術如逢紛庸譚郎宗鄭康成甄宇徐房徐幹孝友如淳于恭王裒王閎呂元簡節義如禽慶王修

杜松贇正直如牟融周澤王儀是儀韓載熙操尙如公
沙穆邴原王昕隱德如逢萌管寧知人如郎顗高構
高義如孫嵩劉敏元政事如滕撫張允濟皆足以振
揚英聲扶持風教接邦人于道哀其像而繪之名其
堂曰論古掖縣簿劉杲卿文與祠堂碑金人修城記
三碑竝立于城上州署扁曰靖恭亦有政和石記存
焉

玉淸宮○濰州城北丘長春弟子尹淸和建長春在漠
北還書誡淸和曰勿化小末人出家葢道非尹薄質可
受亦名言也書有石刻存焉

寒亭○濰州東二十五里夏諸侯寒伯明之國寒浞者



伯明之讒子也伯明棄之有窮后羿收之以爲已相
浞遂殺羿因羿室生澆及豷使澆殺斟灌以伐斟尋
滅夏后相后緡逃歸有仍生少康焉有田一成有衆
一旅能布德兆謀以收夏衆卒滅寒浞復禹之績此
寒國也自古圖志皆載寒亭而俚俗之談極陋以齊
無志書故也

斟亭○通志云濰州東南五十里古斟尋國漢北海郡
亦有斟縣京相璠曰斟尋去斟亭七里杜征南云壽
光縣東南亦有灌亭今按惟壽光之灌城濰州之寒
亭在焉餘皆廢葢古人圖志詳明故國廢城皆立亭
以爲表志後世蕩析不存爲可惜也

信公祠○澠水燕談云蕭榔字大珍後梁宗室爲青州刺史有惠愛篤信于民及死民爲立祠千乘縣西謚曰信公嘉祐中祠廢重修今有信家莊

葢公堂○密州城內東坡建記以醫爲喻意在介甫比聞爲勢家所奪碑記恐不存矣欽按曹參百戰餘勇宜其剛銳自視無前及爲齊相乃能賓師葢公以清靜化民稱爲賢相後世武夫健將能若是乎此古人所以不可及也

超然臺○密州北城上坡記曰城之北因城以爲臺舊矣稍葺而新之余弟子由適在濟南聞而賦之且名其臺曰超然石刻具存



城陽景王廟○莒州城內祀漢朱虛侯劉章章齊悼惠王子誅呂有功文帝封爲城陽王漢時惟高廟有神靈王莽畏而毀之城陽廟亦靈異琅邪王京遷都避去赤眉軍中猶鼓舞之葢其英烈之氣有乃祖之風廟久廢州署內有古槐半體如枯槎而根葉敷茂相傳是章手植益都舊城北南陽水上古亦有廟遺址尚存

馬髻山神祠○莒州南馬髻山宋政和四年勅額惠感廟

夷吾亭○蒙陰西北堂阜鮑叔解管仲縛于此今名憚阜音轉也

庸生廟○膠州城西門外冢在廟旁而地記又云庸生
宅在掖縣非是

石臼島龍祠○膠州海邊宋紹興三十一年封佑順侯
賜額威濟廟完顏亮南侵遣舟師由海道趨兩浙宋將
李寶遇于膠西海口禱于神祠得風助順遂殪金師
故加封

靜治堂○沂州公署後堂宋人建有元祐六年新撥漕
花漏碑云刻漏之法莫如燕公潼川之制訪求得之
于營丘之白門蓋歐陽文忠公因燕公之舊而新之
者又參取翰林蘇公子瞻所爲彭門記者而制焉靜
治堂後舊有香林館思賢堂雨聲軒三休亭平野亭



惟靜治平野三休在焉至元初碑云宋時郡治堂宇
壯麗者舊猶能道之兵後焚毀無遺僅存而可考者
惟金防禦使鄭景純一碑而已景純有南柯子卜愛
祠石刻王黄華雨聲軒碑亦存

普照寺○沂州城西金皇統四年仲汝尚碑云當子城
西南有古臺臺西有廢池者舊相傳臺曰曬書池曰
澤筆東晉王右軍故宅也往歲得斷碑于土中謂招
提復興于後魏唐賜額開元宋崇寧初詔改爲天寧
萬壽禪寺遼廢齊居攝專用苛政理國知象不附尤
狹中多忌凡浮屠老子之居一切廢革遂易天寧爲
普照云按寰宇記此名正永嘉臺琅邪王睿所築與此

不同記又云沂州東北三十八里故臨沂城南有王導故宅亦無跡可攷

栟毅廟○沂州艾山宋元豐二年封靈鎮侯政和五年賜額昭應

酺神廟○艾山東厚丘城側周禮族長祭酺酺災害神主生蝝螟故祭之因合衆飲酒後世遂有酺賜

蒼山廟○沂州南蒼山宋元豐三年封豐德侯政和六年賜額靈豐

昭濟王廟○費縣蒙山神宗熙寧八年賜額靈顯廟封潛應侯元祐七年進封公大觀二年封昭濟王政和五年封昭濟惠民王



顔魯公祠○費縣東門外宋職方員外郎曹輔碑云公有廟在費東五十里諸滿村元祐六年楊元永爲邑建新廟于此定海主簿秘書省校對黄本書籍秦觀書冊碑陰復刻米芾書云公之使賊也謂餞者曰吾昔江南遇道士陶八八得刀圭碧霞餌之自此不衰嘗云七十後有大厄當會我于羅浮山此行殆是後公死于賊歸葬偃師北山有賈人至羅浮山觀道士奕託書至偃師北小顔家及往訪之則塋也守冢蒼頭識公書大驚家人卜日開壙棺已空矣元祐二年九月余游吳興適覩邦人新公之祠因得謁拜公像嘗閱洛中紀異載公前事刻于碑陰以貽續仙傳者

云又王仁裕玉堂閒話載公遭難後十餘年家僕于洛京見公衣白衫張蓋歸城隅菜園有破屋數間僕隨入拜之公出懷中金十兩以寄其家戒僕勿與人言公之子亟至但見滿目榛蕪而已時人皆云魯公尸解得道然此或即一事而記有異同公英烈之氣在天地間非仙即神則無足疑者

二疏宅○嶧州東四十里羅滕城墓亦在焉城周五六里土人指以為宅按二疏歸鄉里顧有舊田廬娛樂終身不為子孫增益產業寧有如是之宅乎即城內古寺其故基也海州有景疏樓

絃歌堂○滕州公署後子游之武城近在州東故取名



性善書院○滕州城內宋人有鄉堂以山谷鄉操取名又有公堂見坡記今並廢

伏羲廟○滕州染山愚按顓臾風姓實司太皞之祀鄒魯有廟是也伏羲都陳謂州東梟山有墓則非也

陶朱公廟○滕州陶山按陶本作桃即古之華采山也後人因陶之訛遂以祠陶朱

趙盾祠○滕州高山唐元和志盾祠在絳州太平縣宋會要在府州府谷縣皆晉地今此有祠何也且宣子固晉之賢大夫董狐以其亡不出境還不討賊為法受惡書曰弒君孔子譏之所以戒萬世亂臣賊子之黨也後世乃廟而祝之賊黨何所懼乎盾祠當毀又寰

齊乘卷四考證

古蹟

四日志聞碑銘詩說終焉○按于氏所云志聞亦如近世府縣志有藝文一類而今本止存城郭亭館邱壠三類並無碑銘詩說等文是此編特草創之本未爲完書故舛誤有所不免也第四卷風土有風俗而無土產亦僅見于總序云

廣縣城

元魏嘗以置青州○按水經注陽水東北流逕廣縣故城西舊青州刺史治亦曰青州城此謂西漢刺史治東漢則郡國志曰臨菑刺史治矣晉初治臨淄沿後



漢之舊義熙中自廣固移治東陽城後魏書曰青州司馬德宗治東陽魏因之是也于氏于沿革云漢置青州刺史不常所理此又云元魏以廣縣置青州不知元魏青州治東陽史有明文廣縣晉初已廢豈得更爲刺史治乎酈注所言故城舊治皆漢代遺跡太守理臨淄刺史治廣縣則不可謂無常理也

石槽城

杜注齊國東安平縣有紀季墓○按杜云酅紀邑在齊國東安平縣不言有季墓

朱虛城

記云○當作寰宇記

王胡城

元朔元年封菑川王子胡爲益都侯○按漢書王子侯表胡以元朔二年封

豐城

輿地記本漢菑川國城○按水經注益縣故城卽南豐城又壽光南三十里之劇城爲菑川國治安得別有豐城本漢菑川國乎于氏說誤

樂望城

漢宣帝封膠東王子先爲樂望侯○先漢書作光

延鄉城

野溝水出此○水經注作荅野溝



漢元帝封李譚延鄉侯○按漢書功臣表譚以成帝永始四年封

廢濟陽城

故城在縣北九十餘里謂高苑縣北○按濟陽廢縣卽今之鄒平縣治樂氏寰宇記云在州北九十四里者謂淄州淄川縣之北據元和志亦當作西北也于氏誤以爲在高苑北九十餘里則其去濟水遠矣今小清河爲濟水故道

博昌古城

西對古城卽延鄉也○按于氏前云延鄉在樂安西北則處博昌之東矣此又云西對古城爲延鄉皆臆揣

也

利城

樂安西北二十里。按水經河濟下流皆過利縣又東北入海故城當在今高苑縣北千乘城之東北去樂安恐不止二十里

昌安城

安邱縣之外城漢石泉城後漢併入昌安在縣西南十里寰宇記謂之安昌城又云西南十二里有安邱城實一城耳。按寰宇記石泉故城在安邱縣西南六十里漢安邱縣城在縣西南二十里與于氏所引里數不合又按水經注云濰水又北逕石泉縣故城西



又北逕平昌縣故城東濰水過安邱東界故安邱縣志謂漢平昌在今諸城安邱之交地名柴溝則石泉非縣西南亦不止十里可知當作東南六十里水經注又云濰水又北昔韓信與龍且陣于此水西有厲阜又北逕昌安縣故城東厲阜在今安邱東五十里昌安縣在其北則不得爲縣之外城矣唐輔唐縣治昌安城非今縣理于氏誤引寰宇記耳水經注又云汶水又東逕安邱縣故城北城對牟山牟山在今安邱西南十五里則漢安邱城自在今縣西南石泉城在東南昌安城在東各不相涉于氏以爲一城殊混

平昌故城

漢平昌縣屬琅邪○按安邱縣志漢平昌城在柴溝爲諸城界又引隋志云郚城舊置平昌郡後齊廢郡置琅邪縣大業初改名郚城卽漢之梧成縣非平昌也則此條所謂平昌故城乃後魏之平昌郡下云郚城在安邱西南六十里者實一城也以爲漢平昌縣誤矣

淳于城

至文公又遷居淳于號州公春秋州公淳于如曹是也○按左傳正義引世本云州國姜姓春秋經書州公傳言淳于公杜解云淳于州國所都是也杞幷淳于在州公不復之後非杞伯別號州公而又妄造州公



淳于之稱亦爲不通矣

周亦封于牟婁○按春秋莒人伐杞取牟婁杜解但云杞邑蓋杞之初封本在開封府杞縣牟婁非其都也于氏謂周封杞于此誤

城陽城

漢城陽國亦曰龍臺城○按水經注平昌縣故城東南角有臺臺下有井與荆水通昔嘗有龍出入其中故世亦謂之龍臺城是龍臺城卽平昌故城矣漢城陽國都莒卽今莒州與龍臺城初不相涉而牽合爲一可怪也

黔陬城

高密縣西六十里。按今膠州故黔陬地而高密在其西北此云黔陬在西誤矣水經膠水北過黔陬縣西又北過夷安縣東夷安今高密則黔陬當在縣之東南郡國縣道記所謂在今郡東北百一十里者指諸城言耳今膠州在唐及宋初爲高密之板橋鎮元祐三年始置膠西縣故寰宇記云黔陬城在諸城東北計斤城在高密東南也于氏當元世已立膠州則黔陬自應云在州南而仍以高密繫之非是

龍且城

高密西南四十里。寰宇記作五十里

夷安城

古維國。當作古夷國

高陽城寰宇記高密縣西北三十四里



漢成帝封淮陽王孫竝爲侯一名膠陽亭。按漢書地理志膠陽侯國屬北海郡高陽則別屬瑯邪王子侯表膠陽侯恁高密頃王子以成帝建始二年封三十九年至王莽篡免侯而高陽侯竝封于平帝元始元年時高密王子恁正侯膠陽其不得爲一國明甚水經注膠水又北逕膠陽縣東又東北會張奴水按其地適在高密之北則此城爲膠陽故縣無疑流俗以膠音近高因譌其讀而寰宇記遂附會侯竝封國又以平帝爲成帝于氏承之其誤宜矣

皐虞城

即墨東。寰宇記作東北

又西有祝茲城。按水經注膠水出膠山北逕祝茲城東恐不應在卽墨境內

壯武城

古夷國。按杜解左傳夷國在城陽莊武縣卽壯武通志則云夷都夷安考夾漈自注蓋謂晉壯武治夷安城也

團城

沂水東北三十里隋于此置沂水縣後廢爲鎮。按水經注沂水又東南逕東莞縣故城西東燕錄謂之團城魏南青州治寰宇記云縣理城本漢東莞縣城也南燕于此置團城鎮隋開皇十六年于此置沂水縣



是團城卽漢東莞縣城且爲今沂水治矣于氏于郡邑既云漢東莞縣卽今縣城而此條又云團城在沂水東北三十里豈以水經注鄆亭在團城東北四十里因誤指鄆亭爲團城與南燕團城鎮前于開皇之置縣二百年而謂隋縣後廢爲鎮亦誤

盇城

沂水西。寰宇記作西北

向城

沂水西南。當作沂州西南

開陽城

鄅國風姓。當作妘姓

光武建武四年封子京爲琅邪王○按後漢書京以建武十五年封琅邪公十七年進爵爲王此云四年封誤

鍾離城

東海戚朐有此邑○按漢書注劉德曰東海朐南有此邑戚别爲縣不當與朐連文

昧日吾死公隨手矣○按史記曰吾今日死公亦隨手亡矣漢書曰吾今死公隨手亡矣脫一亡字似不可通漢所不取楚所下亦脫以字

古費城

古費伯國○左傳隱元年費伯帥師城郎杜云費伯魯



大夫二年司空無駭入極費庈父勝之杜云庈父費伯也則費爲庈父采邑非國也自寰宇記以爲費伯國誤

古鄶城

大業二年移蘭陵郡理此○按隋志蘭陵郡開皇初廢大業初改承縣爲蘭陵縣無置郡之文于氏說誤

郳城

鄶城南○兖州府志在滕縣東一里

偪陽城

後漢爲傅陽縣屬彭城○按漢書地理志楚國有傅陽故偪陽國不必後漢始有

濫城

後漢建安中曾于此立昌慮縣○按三國志建安三年分東海爲昌慮郡此葢誤以郡爲縣也

或又名戚城漢戚朐縣亦屬東海○按兖州府志漢戚縣故城在滕縣南七十里周回四里非卽東南之濫城也又按漢志東海郡有戚有朐朐縣故城在今海州西南于氏合戚朐爲一縣誤

古邾城

又十四世至邾文公○衍又字

鄒城

嶧山南二里○疑卽邾城于氏誤分爲二據寰宇記則漢以鄒城爲南平陽者乃孔子父叔梁公所治之邑後魏地形志鄒縣有叔梁紇城卽樂記之鄒城矣

逢陵城

逢伯陵逢蒙逢丑父○按逢字左傳釋文無音杜氏通典逢伯陵音蒲江反孫氏孟子音義逢蒙音薄江切字竝从夅不从夆然考說文無逢字則姓氏亦當作逢蓋江韻本與東冬鍾爲一部薄江之切古音卽薄工切也當以从夆音蓬者爲正矣

反蹤城

魏景初二年○寰宇記作三年

古濟南郡城

長山西北漢濟南郡理。按通典及寰宇記皆有此城歷城縣志以爲由濟南都尉治於陵而誤然於陵故城既在長山縣南豈容西北別有都尉治所則非由此致誤也葢隋志長山下之濟南縣今雖爲鄒平地而舊屬長山故譌縣爲郡因附會漢代耳此條當删去併入隋濟南城

曲成城

隋末廢。當云後齊廢隋志掖縣後齊併曲城當利二縣入焉

當利城

萊州西南四十里。寰宇記作三十六里



陽樂城在當利北。寰宇記引十三州志云在當利縣東北二十里

陽石城在當利南。按寰宇記在掖縣南當利故城東于氏葢誤以掖爲當利

廢昌陽城

隋大業間築。按寰宇記漢昌陽縣故城在文登縣西南三十里舊唐書以隋縣爲漢古城誤

長廣城

高齊置長廣郡于中郎城後移郡于膠東此城遂廢此卽中郎故城耳。按元和志中郎故城在黄縣東一百步後魏于此置東牟郡而長廣郡自治膠東城在

今平度州東南元膠水縣後齊天保七年廢東牟郡自膠東城移長廣郡入中郎城又移長廣縣于膠東城併卽墨入焉後魏地形志長廣縣有卽墨城康王山祠金泉山皆在今平度州東是魏分卽墨東境置長廣縣故後齊與卽墨省併爲一通名長廣也隋改爲膠水夫長廣郡治中郎城終高齊之世旣未嘗改移而膠東城自爲長廣縣亦非郡治況所移乃後魏之縣與此條長廣故城爲漢縣者無干于氏不察誤以後齊之長廣郡爲漢縣而以其縣爲郡于是黃縣東一百步之中郎城與萊陽縣東五十里之長廣城遂混而一之矣



平度城

膠水縣西北六十里○寰宇記作六十七里

故牟平城

高齊移縣置馬嶺山○寰宇記高齊移牟平縣于今黃縣東七十三里馬嶺山南置

古萊子城

當作古黃縣城漢縣城也

徐鄉城

成帝封膠東恭王子炔爲侯○恭漢書作共又按王子侯表徐鄉下有齊字當屬齊郡恐是鄉聚之名非東萊屬縣也

士鄉城

鄭康成謂云云。康成下當有傳字此孔北海告高密
縣教非康成之言

東牟城

文登縣西北十里。元和志作一百十里寰宇記脫去
百字

不夜城

文登東北八十里。元和志作八十五里

東平陵城

隋亂土豪李蒲據城歸唐。元和志作李滿新舊唐書
俱作李義滿唯寰宇記作蒲蓋傳寫之誤



李君求。舊唐書作君球義滿之子通典寰宇記作求

此城唐爲州治。全節非東平陵于氏以爲一城誤辨

平陵西北十五里有廢奉先縣城。按奉先無此縣名

帝乙乃武乙之子。按史記帝乙乃太丁子武乙孫

見郡邑

歷城縣志以爲全節之譌是也

鮑城

濟南東三十里。寰宇記作三十四里

臺城

濟南東北十三里。歷城縣志曰水經濟水又東逕華
不注山又東北過臺縣北華不注山已去今縣城十

五里齊乘乃謂臺城在東北十三里詳求其故蓋不知寰宇記所謂臺城在縣北一十三里乃蒙上廢全節縣而言也以此求之則與水經通典合矣（通典全節縣下云漢臺縣故城在今縣北）又有平臺城漢縣也在臺城北五十餘里○按漢志濟南郡無平臺縣刻本或以鄒平縣之平字屬下臺字而鄒下誤空一格故于氏分臺與平臺爲二說見郡邑鄒平縣下歷城縣志曰寰宇記誤以臺爲平臺齊乘遂竟分爲二其誤不自齊乘始也

營平城

濟南東三十里○寰宇記引三齊記作四十里此從述征記又按歷城縣志以營城爲隋縣非漢營平謂一統志以營平在今縣城西是爲近之而未詳所本今考一統志所云營城在縣西二十七里卽營平邑者乃引寰宇記之文亦蒙上廢全節縣而言非今縣城西也營城縣隋開皇十六年置三齊記述征記二書皆前乎此而已有營城之名則其爲營平之省文無疑義矣

祝柯城

西北有野井亭○杜解左傳野井亭在祝阿縣東

甯戚城

漢武封魯恭王子恬爲寧陵侯之邑○恭漢書作共寧

陵作寧陽

樂安城

此葢漢元帝封匡衡侯國。按水經注臨濟縣故狄邑也地理風俗記云樂安太守治葢西漢千乘郡治千乘故城在今高苑北東漢樂安國治臨濟則寰宇記云故樂安城在臨濟縣東北八十里是也唐宋濟南郡之臨濟在章邱北爲漢東朝陽縣地而臨濟故城在其東境故隋改朝陽爲臨濟取漢舊名也于氏不知樂安城即故臨濟而猥以匡衡所封當之衡所封爲臨淮僮縣之樂安鄉與千乘濟南何涉乎

亭山城

章邱西南六十里。濟南府志作四十里



宋元嘉中于此置濟南縣屬頓邱。按宋書州郡志無濟南縣元和志云宋于此置衛國縣屬頓邱郡開皇六年改爲亭山縣隋書地理志云亭山舊曰衛國葢頓邱衛國皆僑立郡縣後人不察遂譌其名矣濟南府志亦云宋置濟南縣

梁鄒城

鄒平東南二十五里漢梁鄒縣。此據寰宇記按元和志景龍元年于漢梁鄒城置濟陽縣而宋史地理志云景德元年移鄒平治濟陽廢縣故胡朏明禹貢錐指謂今之鄒平縣治即漢梁鄒故城唐置濟陽縣者

也寰宇記作于太平興國中鄒平縣尙沿唐舊治今縣之西北爲齊東縣界則謂梁鄒城在東南三十五里者據唐縣而言耳宋景德後徙鄒平治唐濟陽廢縣金元以來皆因之齊乘于郡邑當云今鄒平縣治卽漢梁鄒故城乃誤于古蹟別存梁鄒城以唐縣相距里數移指今治疎矣前鄒平故城下言在今縣西南二十里爲唐武德初置者亦同此失○濟陽在濟水北與水經過梁鄒北不合蓋川瀆流移耳

濟北城

長淸縣西三十里○此隋志濟北縣城盧縣城乃爲濟北郡治城上當加縣字以別于郡國



鬲城

德州西北○按元德州卽今陵縣鬲城德平志云在縣東則西南距陵縣八十里也

般城

寰宇記在德平縣東北二十五里濟南府志云三十里

厭次古城

德州東北二十里本漢富平縣明帝更名厭次○按水經注敘商河所逕自平原安德下歷平昌般縣樂陵朸縣馬嶺城始逕富平縣故城北引應劭曰明帝更名厭次又云史記高祖功臣侯者年表高帝六年封元頃爲侯國徐廣曰漢書作爰類是知厭次舊名非

始明帝葢復故耳據此則富平縣在馬嶺城東即厭次故城不容于安德今陵縣東北別有厭次而齊乘云云葢因寰宇記安德縣東四十里有東方朔祠以朔爲厭次人故有此附會濟南府志遂以在陵縣神頭鎮者爲西漢之厭次明帝更富平爲厭次縣者乃東漢之厭次其意似謂西漢富平縣非即厭次不知水經注云富平縣西有東方朔冢冢側有祠是則厭次富平名有更易地無遷改陵縣故安德曾爲平原郡治以曼倩平原人故郡治亦有祠廟何預厭次之城乎



龍興寺

唐封演見聞記云青州南城佛寺舊傳孟嘗君宅○見聞記當作聞見記南城封氏本書作城南

寺有北齊八分碑碑陰大刻四字曰龍興之寺葢唐人續刻者○按此四字本李北海書龍興寺額宋元祐初摹刻于婁定遠像碑之陰左方有濟南孫愨題跋于氏偶未見耳

石刻布衣張在詩○按歸潛志孫鐸再授戶部尚書于聽事壁間書唐人詩云云即此詩也唯次句又字作木而誤以宋爲唐金史則云對賀客誦古人詩葢知其非唐人而不能的指其爲宋也第三句君家金史作庭前澠水燕談錄載此詩次句作年少尋芳日幾回教授畢仲愈作畢仲甫

表海亭

昔歐陽文忠公知青州已有詩近代任君謨詩有石刻兵後不存有錄之者並載于後○按此云並載于後即總序所謂志闕也今本無

國王廟

王名木華里○元史作木華黎

羅漢洞

府西山中疑即齊記補所載七級禪寺○按水經注陽水逕七級寺禪房南敘于石井水北注陽水之下不應在山中豈齊記補別有七級寺但取舊名歟

常將軍廟



沈亞之沂水雜記云沂南流入清○按宋史謂泗水爲南清河據此則唐人已有是稱

孔北海祠

宋太守安陽韓公建○韓公名浩見萊州府志

蒼山廟

沂州南蒼山○水經注作倉山第二卷沭水條下從水經注

鄒國公廟

浩生不害東阿伯○宋史禮志作告子不害

齊乘卷之五

益都于欽思容纂

亭館 下

開元寺〇般陽城內通志唐李邕書開元寺碑在淄州今寺內無邕碑而晉人小楷樂毅論石刻在焉蓋淄川東有樂毅廟（東十八里地名樂店）石移寺中子昂公嘗屬余打數本每以印手不高爲恨士人亦不知爲貴

懷范樓〇長山縣金人所建有泰和碑刻

范公祠〇長山縣宋治平二年尚書祠部員外郎知長山縣事韓澤建

李勣廟〇般陽北廿五里



東海淵聖廣德王廟〇萊州西北二十里漢以來古廟宋開寶六年勅建叅知政事賈黃中碑

四知廟〇萊州東門內祀漢東萊太守楊震

無訟堂〇萊州公署後宋政和間建

劉將軍廟〇萊州城內晉東萊太守有德於萊人故祀之

幸臺〇萊州城內相傳漢武帝東遊訪安期生所築有碑字滅不可攷

燕臺〇萊州城北慕容德以掖爲青州築此臺觀

六龍灣龍祠〇萊州北前有輪井石口如車輪號曰天井能興雲雨金泰和間禱澍有感碑記存焉

三山亭〇萊州城北東坡有詩

僊臺〇膠水縣東北五十里青山下列仙傳公沙徧飲白鶴泉得仙嘗止此臺之上臺極峻絶今不可登

游仙宮〇萊陽縣南馬丹陽得道之地

賓日樓〇登州公署後東坡志林云東坡居士移守文登五日而去眷戀山海之勝與同僚飲酒賓日樓酒酣作木石一紙投筆而歎自謂此來之絶河内史全叔取而藏之樓側舊有納川亭東有頌德堂

蓬萊閣〇登州北三里海濱田横寨相對本海神廟基宋治平中郡守朱處約以其地太高峻移廟西置平地於此建閣實爲山海登臨勝槩閣下有獅子洞洞前有泠然泉古稱浪井潮生浪起則没水退則甘冽如故舊有甘泉亭閣下碎石爲海浪淘激歲久圓滑土人謂之彈子渦黒白者可以奕坡公嘗取數百枚養石菖蒲作詩遺垂慈堂老閣上古今題詠甚多而宋人秦樓月一詞頗飄逸詞云烟漠漠水天摇蕩蓬萊閣蓬萊閣朱甍碧瓦半浸寥廓三山謾有長生藥茫茫雲海風濤惡風濤惡仙槎不見暮沙潮落登人皆歌之

濱都觀〇棲霞縣北五里丘長春祖宫遺山云丘赴龍庭之召億兆之命懸于好生惡殺之一言誠有之則雖馮瀛王之對遼主不是過自是黄冠之人十分天

下之二寺有感焉（淸眞觀記）

秦宮○寧海州文登縣東北百八十里古老相傳始皇所築東南臨海縣有七井後人因立祖龍廟

朝陽亭○文登縣宋慶歷間建

舜廟○濟南府城第二坊按圖經古舜祠在廟山舜井在此今廟在井傍有宋碑城外古舜坊卽廟山故道

娥英廟○趵突泉側祀娥皇女英今廢

宣聖廟○憲府東大明湖上有宋崇寧賜辟雍詔大觀御製政和手詔三碑在焉

歷下亭○府城驛邸內歷山臺上面山背湖實爲勝絕少陵有陪李北海宴歷下亭詩



鵲山亭○城北鵲山湖上少陵詩序登歷下員外新亭亭對鵲山湖者是也今廢

北渚亭○水經註濼水北爲大明湖西有大明寺水成淨池池上有亭卽北渚也池今名五龍潭潭上有五龍廟亭則廢矣湖上舊有水西亭環波亭並見南豐子由諸賢詩今廢

仁風廳○舊府治卽今憲司前衙也其後靜化堂禹功堂芙蓉堂名士軒竹齋凝香齋水香亭采香亭芍藥廳並見蘇曾諸公詩今卽後堂有宋元祐名士軒碑廳西古竹猶存芍藥尚餘數本

歷山堂○濼源堂○舊在趵突泉上北堂曰歷山南堂

曰濼源南豐知齊州日建此以館客有齊二堂記城
內又有閱武堂亦見公詩又有望湖樓李師中所建
皆廢泉西金人建勝槩樓亦壯麗近亦爲水所壞
百花橋○今曰鵲華大明湖南岸橋南百花洲洲上百
花臺環湖有七橋曰芙蓉曰水西曰湖西曰北池之
類是也南豐詩云莫問臺前花遠近試看何似武陵
游又云從此七橋風與月夢䰟長到木蘭舟槩可想
見今皆廢矣惟百花橋與濼源石橋僅存濼源橋在
城西子由作記欽按濟南東藩名郡自唐李北海杜
子美宋曾南豐東坡兄弟相與登臨歌詠於湖山之
上當時政治風流猶可想見而亭館廢廢百無一二



今人亦那復知之方且戚戚于矯飾汲汲於資級以
此馳鶩一世反有竊笑古人者矣
酈食其廟○府城內今廢章丘臨濟鎭南有酈商冢者
卽食其冢也食其爲田廣所烹故齊有墓弟商不應
葬此
開元寺○府城內建于唐
祐德觀○府城內唐碑云瑞氣觀宋曰天慶金改祐德
觀內古有扁鵲祠金人因創神農廟碑記存焉
靈巖寺○府南八十里靈巖山中其山與方山相連南
接泰山北帶龍洞極爲深秀疑卽水經之玉符山也
寺乃佛圖澄卓錫之地有立鶴泉佛日巖辟支塔自

山麓至寺門十餘里古松參天亦謂之十里松歷代
碑志具存
天齊山廟○府城內按漢志濟南國治東平陵有天山
郡南山也以其在齊因曰天齊山猶臨淄淵曰天齊
淵者是也俚俗乃云山高與天齊不經甚矣
高唐亭○濟南豐齊北古高唐地有此亭
謝恩臺○棣州北亡金賑饑所立有金碑
廉頗相如祠○棣州陽信縣
李牧祠○陽信縣按趙將相有祠在此豈西北界趙廉
藺亦嘗與齊戰齊人慕其賢而祀之云有墓者非是
秦臺○濱州東十三里高八丈周二百步相傳秦始皇

東游縶蒲繫馬之處亦名蒲臺般陽之蒲臺縣以此
氏焉
真祐廟○濱州城內祀齊客茅焦兄弟宋大觀三年賜
額真祐廟政和六年兄封允濟侯弟彊濟侯金末祠
廢土人呼爲茅神臺
段子明祠○子明齊將有墓在蒲臺宋元符三年賜額
善應廟建中靖國元年封善應侯俗云段干木者非
是
德風堂○德州公署舊堂
鬲津堂○舊在德州
顏魯公廟○德州城內燬于兵至元廿三年即故基重

建

管輅祠○平原城內

唐明宗廟○五代唐莊宗拔德州以李嗣源守之莊宗敗嗣源入大梁是爲明宗民號其屯兵之地爲明靈寨即今清平縣也立廟祀焉

龍泉寺○平陰東南四十里齊天統中建下寺有石刻劉豫阜昌三年皇子皇弟符攽甲乙院亦有碑又阜昌中題名最多佛像古雅皆數百年物上方大佛與龍泉觀音非晚唐人不能造

丘壠

蘇秦冢○益都府東二十五里秦自燕奔齊齊大夫與秦爭寵使人刺秦不死殊而走齊王求賊不得秦謂齊王曰臣即死車裂臣以徇于市曰蘇秦爲燕作亂于齊如此賊必得矣齊王如其言殺秦者果出王因而誅之秦死猶詐也裂其軀而不恤哀哉般陽西又有秦冢與此爲二豈葬而復詐乎嘗論戰國之士以詐功耀天下者秦儀也秦洛陽人儀魏人乃曰齊人多詐置二子于何地乎



營丘○臨淄西二里塔寺後爾雅云水出其左曰營丘淄縈其東南故以名也晏子曰先君太公築營之丘謂太公築邑此地通志云營丘即今臨淄縣或云在濰州昌樂其地本顓帝之墟爽鳩始居其後季萴伯

陵因之太公又因之按顓帝都于濮陽少昊時爽鳩已居營丘又爲顓帝之墟何耶在昌樂者乃營陵城元魏誤以爲營丘而縣焉營丘之上自唐長慶閒立太公桓公廟今惟宋景祐三年碑存

桓公祠墓○臨淄東南十里水經注云女水西有桓公冢甚高大一墓二墳晏謨曰依陵記非葬禮如承世故與其母同墓而異墳伏琛所不詳也冢東女水原有桓公祠侍其衡奏魏武帝所立衡曰近日路次齊郊瞻望桓公墳壠在南山之阿請爲立祠爲塊然之主然則俗謂二王冢又云公與女之冢皆非也唐貞觀十年太宗詔禁樵採

三士冢○臨淄南一里一基三墳諸葛武侯梁父吟步出齊城門遙望蕩陰里里中有三墳纍纍正相似借問誰家墳田疆古冶子力能排南山文能絕地紀一朝被讒言二桃殺三士誰能爲此謀相國齊晏子注引晏子春秋曰公孫接田開疆古冶子事景公勇而無禮晏子言於公餽之二桃令三子計功而食公孫接曰吾一搏特猏再搏乳虎功可以食援桃而起田開疆曰吾仗兵而卻三軍者再功可以食援桃而起古冶子曰冶嘗從君濟河黿銜左驂冶潛行水底逆流百步順流九里得黿而殺之左操馬尾右挈黿頭躍而出功可以食二子曰吾勇不若子功不逮子取

桃不讓是貪也然而不死是無勇也刎頸而死治曰二子死之治獨不逮又刎頸而死或曰晏嬰賢相豈有殺士之名葢曹操既殺孔融楊修又送禰衡荆州假手黃祖三子者天下之望也武侯梁父吟殆爲此設然則晏子春秋反因梁父吟而附會如山海經之於天問耳

田和冢○府北二十里普通店和爲田齊之太公皇覽作太公呂尙冢按檀弓云太公封於營丘比及五世皆反葬于周此不應有冢皇覽最叵信如云濟南歷山上有太甲冢皆此類東南者謂是齊胡公冢胡公獻公父亦反葬于周



五公冢○臨淄東南十里齊昭公靈公惠公頃公孝公五墳相近

高敬仲墓○臨淄東北二十里又名白兎冢左傳莊九年鮑叔曰管夷吾治於高傒卽敬仲也

杞梁冢○臨淄東三里齊莊公襲莒杞梁死焉其妻迎其柩而哭之詳見檀弓左傳

黔敖冢○臨淄東九里齊饑黔敖設食於路以待餓者

蒯徹墓○臨淄東二里漢書徹范陽人高祖曰徹齊辯士故卒葬此胡氏管見曰韓信功齒三傑不可忘也迎陳之禮可贖自王之釁拒徹之意可免失期之罪未有反計則當侯以次國逆謀既露猶當宥其子孫

愚謂韓信失職怨望者有之逆謀既露則無也以信之智料事成敗審矣背水之陣計曰信非得素撫循士大夫也所謂驅市人而戰非置之死地則走耳寧得用乎夫以大將握兵猶臂使指尚慮及此失職之後乃謀詐赦諸官徒奴欲以集事此鼠竊之慮耳連百萬之衆據三齊之勝制天下之權武涉蒯徹游說百端利害切至尚不肯變乃與陳豨挈手步庭令豨舉兵吾從中起天下可圖此又臧獲之見也信謀果爾何前智而後愚哉信非蕭何不留及其失職怨何必深何嗾呂后殺信遂誣信反千載之下尚不覺悟信其寃哉



逢萌冢○郡志在濰州營陵古城中記在益都縣云高士冢

葵丘○臨淄西三十里古齊邑左傳莊八年齊侯使連稱管至父戍葵丘瓜時而往及瓜而代杜注在臨淄即此地齊桓公葵丘之會則在陳留

管仲墓○臨淄東南二十三里

晏子墓○臨淄古城北三里唐貞觀中禁十五步內不得樵採高密平原又各有墓與此爲三欽按晉載記曰慕容德登營丘望晏嬰冢顧謂左右曰禮大夫不逼城而葬平仲古之賢人達禮者也而生居近市死葬近城豈有意乎青州秀才晏謨對曰孔子稱臣先

人之賢豈不知高其梁豐其禮葢政在家門故儉以矯世存居湫隘卒豈擇地而葬乎所以不遠門者冀悟平生意也以謨考之臨淄墓爲真

辟閭渾墓○壽光西南三十里俗呼釣魚臺渾晉幽州刺史慕容德陷廣固殺之渾子道秀詣德請與父俱死德曰孝子特原之

臧臺○壽光西四十里舊有宋碑云是臧武仲之墓愚按左傳襄公二十三年臧紇致防而奔齊至昭公十年平子伐莒取郠獻俘始用人于亳社臧武仲在齊聞之曰周公其不饗魯祭乎是時武仲客齊已十八年其終不歸魯而卒葬于齊乎又西五里有馬陵臺水經注云不知是誰之冢世謂馬陵臺

熙熙臺○壽光北城上葢取老子衆人熙熙如登春臺立名不知剏于何代

鳳凰臺○壽光西北三十里宋天聖間鳳凰下此因築臺有宋碑北有南皮臺前有東嶽南嶽行祠金永安二年碑刻在焉疑即古平望亭也平望亦漢縣見伏琛齊記

蒼頡臺○壽光西北洱水所經水經注謂孔子問經石室非也通志云蒼頡石室記二十八字在蒼頡北海墓中土人呼爲藏書室周時自無人識逮秦李斯始識八字曰上天作命皇辟迭王漢叔孫識十三字豈

孔子至齊亦嘗訪焉故有問經之目

過宋臺○壽光南二十五里

官臺○壽光北七十里有鹽官壽光古有灌亭豈灌轉為官亭廢爲臺耶俗謂縣周回有十臺九城信然如熙熙過宋官臺之類皆不可攷

任光冢○樂安城西二里俗傳任光冢按光南陽宛人更始初爲信都太守從光武破王郎封阿陵侯卒子隗嗣隗仕至司空又傳三世至孫世徙封北鄉侯北鄉始爲齊地自北鄉上官封無至齊者光何緣有墓在此豈北鄉侯冢耶

貝丘○博興南五里左傳齊侯田于貝丘見豕射之豕



人立而啼乃公子彭生也即此地亦曰貝中聚

董永墓○博興南三十五里世說永東漢人鬻身以葬親般陽長山南又有冢廟皆出野語

青丘○樂安北清水泊葢以青丘得名齊景公有馬千駟田于青丘與晏子游于少海皆此地少海謂渤海也

伯氏冢○臨朐古駢邑伯氏所食後爲管仲所奪伯氏沒齒無怨言故城西有其冢路史齊遷紀郱鄑郚郱本紀邑故城在臨朐東南

麓臺○濰州西孤山之麓一小阜下名麓臺村寰宇記云州西二十里高二丈三尺是宏墓也墓後有泉號

日補生泉九域志云公孫宏讀書處
王裒墓○濰州南三十里
徐幹墓○濰州東五十里俗呼爲博士冢幹建安七子魏志云北海劇人卒葬此
伯牛阜○昌邑西北十里又東子騫阜古有閔子祠今名三阜南有子游池竝見寰宇記今日蓮花陂三阜者葢亦三賢之意但未詳所始
逢丑父墳○昌邑南五里記謂丑父食邑都昌故墳在此然則般陽逢陵非其邑也
渠丘○密州安丘自漢有渠丘亭周武王封少昊之裔玆輿於莒初都計春秋時遷莒至莒子朱居渠丘成八年晉使申公巫臣如吳假道于莒與渠丘公立于



池上
柴阜○密州安丘西五十里郱原之墓在焉
慈阜○柴阜之東齊記云營陵南今濰州昌樂四十里有慈阜魏奉常王修葬此俗以修至孝故此丘以慈表稱修母以社日亡每社設祭悲泣鄰里爲之罷社
管寧墓○柴阜東十餘里葢與原墓相近
王章墓○寰宇記云安丘縣西南四十里通志金石略云章碑在密州章仕至京兆尹日蝕上封事劾大將軍王鳳爲鳳所陷下獄死初章爲諸生學長安病臥牛衣中泣與妻訣妻怒曰朝廷尊貴誰如仲卿者病

困不自激昂涕泣何也後章至京兆尹上封事妻又止之曰人當知足獨不念牛衣中涕泣時邪章不聽果死獄中妻子徙合浦鳳死始得還其妻亦賢矣哉因表而出之然章泰山鉅平人何緣葬此惜其碑斷毀不可攷也

孫嵩墓○安丘南四十里欽嘗寓宿太虛宮夢有趙先生者入謁謂欽曰聞君修齊志僕有良友葬安丘其人節義高天下今世所無也請載之以勵衰俗欽覺而語梅仲昇以爲鄉人趙伯善共訪之伯善愕然及閱趙岐傳始悟爲孫賓石也嗚呼邠卿處複壁中著書以名世固奇士非賓石之高義則志弗克伸矣偉哉若人尤奇者斯夢也故識之

康成祠墓○膠州高密縣西北五十里劉宗山下山產磨石古礪阜也水經亦謂之碑產山高士傳云袁紹屯官渡逼元隨軍不得已載病至元城卒葬于劇東後因墓壞歸葬礪阜墓前有廟廟之南有唐開元碑縣西有鄭公鄉孔北海告高密縣所立者劇東舊葬地即今益都府東五十里鄭墓店是也因高密有鄭公鄉士人訛爲鄭母云

古冢○郡國志云即墨城北有古冢或發之有黃牛從埏門出犯之即吼不可動又云縣有徐誕弟子夏侯皐墓皐死後有人過皐以手巾寄信與誕乃棺中物

也

雙女冢○膠州計斤城南耆舊相傳宋靖康間臨海王氏姊妹與姑避難爲虜所得王氏謂曰汝放姑還者當從汝也虜縱姑去王氏姊妹罵曰我閥閱家豈爲賊汚卽投海而死居人得其屍而葬焉此與唐奉天竇氏二女無異惜乎不得其家世之詳

曹嵩墓○沂水縣南百二十里嵩操之父也避難琅邪操使迎之輜重百餘兩陶謙別將張闓襲殺嵩於華費間取其財物因奔淮南操引兵攻謙拔十餘城阬殺男女十餘萬口雞犬亦盡吁嵩居亂負乘操復讎濫殺闓貪財煽禍一事而作戒數端此之謂也



王祥墓○沂州北廿五里墓西咸溝湖孝感泉剖冰躍鯉之地傳云求忠臣於孝子之門祥至孝晚乃失節事晉郝陵川續後漢書列之篡臣惜哉余故表而出之爲昏耄持祿者之戒

鯀墓○沂州東南百里羽山之下

奚公冢○滕州東南青丘村奚山下古奚邑

韋賢墓○鄒縣嶧山之陽石表大刻曰漢丞相韋賢墓

左丘明墓○嶧州東北七十里元和志東平平陰縣東南復有丘明墓

王蕭墓○嶧州東南二十五里

劉靈墓○嶧州東北二十里已上竝見寰宇記（靈墓所今名劉

曜村

淳于髡墓〇般陽東六十七里史記

蔡相冢〇萊州膠水西北金尚書右丞相蔡松年墓也松年自號蕭閑老人子珪亦好學博古第進士仕至禮部郎中出守濰州卒縣南復有蔡邕冢伯喈陳留圉人未嘗歷齊豈亦松年族人之墓遙祖伯喈邪

閔子祠墓〇濟南府城東門外五里宋熙寧七年濟南太守李肅之即墓前置祠立碑蘇子由作記東坡書又濰州昌邑西北子騫阜上古亦有廟濮州范縣又云有墓未詳

陽貨墓〇章丘西北十里高丈餘貨嘗奔齊又適晉趙未知死葬何地云此有墓未詳



房彥謙墓〇章丘西南三十里唐刺史追封臨淄公元齡父也墓有碑李百藥文歐陽率更書極精近聞村人以打碑之擾毀仆之良可歎已

鄒衍墓〇章丘東十里

燕軍冢〇長清縣南十五里寰宇記云謂是燕昭王者後人誤也恐是燕軍之冢耳

班超冢〇寰宇記云在長清東北二十五里定遠扶風平陵人以和帝永元十四年八月徵還洛陽九月卒齊地何爲有墓豈以齊有東平陵而附會之邪

郝胥氏墓〇章丘臨濟鎮東故朝陽城內

劉豫墓○濟南城西鵲山下墓中產蝎按宇文懋昭劉豫錄云豫景州阜城人宋元符中登第累官至殿中侍御史被劾出爲兩浙察訪至真州丁父憂居焉金兵陷河南高宗過維揚起復豫知濟南豫到郡金人利誘之百姓遮豫願以死守豫竟出降金人徙豫知東平節制河南兵馬及張邦昌廢豫使子麟以重賂結黏罕及其腹心高慶裔輩求僭號黏罕假以百姓推戴請于金主立豫爲帝國號大齊改元阜昌初據東平繼遷于汴僉發鄉兵三十餘萬付子麟姪猊領之分道寇宋大敗而歸豫猶請戰不已金主下詔廢爲蜀王父子竝徙上京豫僭位凡八年至上京改封



曹王而死初豫僭立有醉民罵豫曰你是何人要作官家大宋何負于你進士邢希載等亦勸豫歸宋豫皆殺之豫父子嚴刑暴歛取快一時見兵士賣陵中玉椀即置淘沙官再發河南山陵及發民間無主墳墓行五等稅法民鬻子者皆稅百錢下至倡優日有納課臣子納女獻妻者皆得遷官貫罪去汴之日金帛糧斛山積父子姬妾各百餘人貪淫不道有如此者金皇統間沂州普照寺碑亦謂豫專以苛政理國知衆不附尤狹中多忌者足證其暴云或問欽曰契丹入汴梁而民驚散女直入中原而民不服其勢一也契丹則以南帝晉趙延壽父子而終不肯立女直

則始帝張邦昌又帝劉豫何也應之曰嘗聞蕭太后責延壽父德鈞曰汝爲人臣既負其主不能卻敵又欲乘亂徼利所爲如此何面目以求生其論甚正抑知帝王大器須英雄之人始克負荷豈叛降奴虜所能堪邪女直則不然乘高宗之儒且脅且和狙詐百出無復契丹之正矣至如劉豫直以賂結權貴而得立其爲卑猥又邦昌之所羞使高宗若稍有雄才擒之如獵狐兔元遺山取豫而黜石勒不知其何說也豫嘗游平陰龍泉寺有留題來者訕笑遺山復爲解嘲云河邊羖攊尚能飛無角無鱗自一齊甲子紛紛等兒戲壁間休笑阜昌題然則豫在當時自有定論



遺山何故曲爲之說黨惡如此豈不爲斷腕后所笑邪自古經生文士學博才高而性癖識陋害理者不少如遺山之流可不戒哉

婁敬祠墓○德州德平東南二十里祠在墓側五代周顯德間建膠州復有奉春墓未詳

東方朔祠墓○德州東四十里古厭次城北祠在墓南宋元符間封智辯侯顏魯公守平原書先生像贊立碑祠下今碑移州署內棣州陽信縣古邵城又云有墓益都壽光縣東方村又有廟先儒謂非高祖用子房乃子房用高祖欽亦謂曼倩非漢武所得御曼倩以智御漢武耳比子房赤松之遊其迹尤晦漢廷爵

祿惟此輩人不爲所縻嗚呼高哉欽嘗過其廟有詩云甲乙不焚珠璧帳百錢囊粟且婆娑殿前怒擲黃金鉞天上偷將紫玉珂班固有評眞莘爾子雲祿隱果如何漢初除卻椎秦手只許先生逸網羅

張騫墓○平原縣東北騫嘗窮河源平原河所經因附會耳

風土

唐虞三代風化尙矣春秋以降列國殊俗去古未遠自秦漢以後千八百年總天下風俗五變愈下益自漢至西晉一變五胡南北至陳隋一變隋唐至安史之亂一變五代一變宋金之交又一變安史滅君臣



之義未盡至五代則幾矣五胡南北華統未斷迨金宋則絕矣是皆關天地之大運非若春秋戰國異政殊俗專可以人事論也故今天下四海九州特山川所隔有聲音之殊土地所生有飲食之異小小習尙不同謂之土俗可也其大好惡大趣向則系乎一氣之運一代之治不得以異俗書也然自漢史以來代存列郡之俗亦不得不攷古以驗今至于土產亦略具前式以相證云

前漢地理志曰齊地虛危之分野也東有淄川東萊琅邪高密膠東南有泰山城陽北有千乘淸河以南渤海之高樂高城重合陽信西有濟南平原皆齊分也

少昊之世有爽鳩氏虞夏時有季萴湯時有逢公柏陵殷末有薄姑氏皆爲諸侯國此地至周成王時薄姑氏與四國共作亂成王滅之封師尚父是爲太公詩風齊國是也臨淄名營丘故齊詩曰子之營兮師古曰毛詩作還齊詩作營遭我乎嶩之間兮又曰俟我於著乎而此亦舒緩之體也詩記曰前漢地理志載齊風俟我于著乎而此亦舒緩之體雖非此篇所主然廣谷大川異制民生其間異俗剛柔輕重遲速異齊皆學者所當觀也詩可以觀其此類與余按漢世去古未遠聲詩猶傳得其聲而味之則知其爲舒緩之體若以訓詁詞義求之遠矣吳季札聞齊之歌曰泱泱乎大風也哉其太公乎國未可量古有分土亡分民太公以齊地負海舄鹵少五穀而人民寡迺勸以女工之業通魚鹽之利而人物輻



湊後十四世桓公用管仲設輕重以富國合諸侯成伯功身在陪臣而取三歸故其俗彌侈織作冰紈綺繡純麗之物號爲冠帶衣履天下初太公治齊修道術尊賢智賞有功故至今其土多好經術矜功名舒緩闊達而足智其失夸奢朋黨言與行繆虛詐不情急之則離散緩之則放縱始桓公兄襄公淫亂姑姊妹不嫁于是令國中民家長女不得嫁名曰巫兒爲家主祠嫁者不利其家民至今以爲俗痛乎道民之道可不慎哉余按平陰廣里有巫兒山豈以主祠女得名邪襄公鳥獸之行南山之詩刺之是已然近代齊俗歸女比之他郡容飾朴野淫風幾熄欽十五六歲在鄉里時市井不聞猥言婦女亦簡出入三十年來俗爲大變市有葫荽語邑雜倡妓居衢與燕鄭同風矣是誠可憂也昔太公始

封周公問何以治齊太公曰舉賢而上功周公曰後世必有篡殺之臣其後二十九世爲彊臣田和所滅而和自立爲齊侯初和之先陳公子完有罪來奔齊齊桓公以爲大夫更稱田氏九世至和而篡齊至孫威王而稱王五世爲秦所滅臨淄海岱間一都會也其中具五民云

欽按論語曰齊一變至於魯魯一變至於道說者曰夫子之時齊强魯弱然魯猶存周公之法制齊由桓公之霸爲從簡尚功之治太公之遺法變易盡矣故齊俗急功利喜夸詐乃霸政之餘習所謂夸詐亦霸者假仁義之稱耳漢史直謂其失夸奢言與行繆虛詐不情此汲黯詰公孫宏之言也宏爲宰相不能面折庭爭常背公卿正議阿順上指黯目之曰詐當矣詐者宏也齊人豈盡然歟且如婁敬亦縱橫人也求見言事虞將軍欲與鮮衣敬曰臣衣帛衣帛見衣褐衣褐見則其所守可知況過于敬者可以詐槩其俗乎夫自戰國以來天下並爭惟齊魯之間學者弗廢漢興言易自淄川田何言書自濟南伏生魯詩則浮丘伯齊詩則轅固生春秋則齊胡母生論語則琅邪王卿膠東庸生遭秦滅學傳經淑後多是齊人故史于齊魯之俗獨曰好經術尚禮義他國則否亦可見其俗之美

也先王之化流風善政爲世移易豈能無弊齊俗之弊始于管晏較之王政爲少差耳故經秦歷漢敦經重義風俗不薄逆亂不萌漢武帝以燕王旦上書欲圖爲嗣怒曰生子當置齊魯禮義之鄉乃置于燕果有爭心旦後欲反劉澤謀以臨淄應之尋爲雋不疑所誅先是七國作難齊亦不與唐世藩鎮自河北淮蔡以至川蜀無不叛亂惟淄青一鎮未嘗拏兵暨朱溫圍昭宗于鳳翔詔徵諸道兵莫有應者獨平盧節度使王師範奉詔感泣奮兵討溫事雖無成足表忠赤載諸史策斑斑可攷由此言之忠義之風齊俗爲多不幸殘金之亂李全



父子盜據此方戶編爲兵人教之戰父叛于南子叛于北衣冠之族變爲卒伍忠義之俗染以惡名全起羣盜的不知何人維揚志云濰州人齊東野語淄州人或又云萊州人未知孰是養子璮本徐希稷之子又出異類齊東野語云全養子璮本徐希稷之子賈涉鎮維揚日璮與涉諸子同學其後全無子屢託涉覦之涉以希稷舊與全稔遂命與之詳見後論非齊氏族客亂山東刼民爲逆自速誅夷然敗俗污善不可不辨或曰然則王著何如曰著盜殺權臣葢刺客聶政之流惡則惡矣豈璮畔逆之比哉欽惟忠孝之道禮義之俗本諸人心況去古未遠流風可尋非緣禍亂可得而泯也故愚謂齊本詩書之國忠義之邦攷證史實非泛言者

嗚呼司馬溫公有言上行下效之謂風薰陶漸漬之謂化淪胥委靡之謂流民心安定之謂俗夫敎化薰陶固系于上不淪胥于弊陋不委靡于頹波安乎忠孝定乎禮義俾俗不愧古此亦鄉賢之責也

隋志曰齊郡舊曰濟南其俗好教飾子女淫哇之音能使骨騰肉飛傾詭人目俗云齊倡本出此也祝阿縣俗賓婚大會餚饌雖豐至於蒸膾嘗之而已多則謂之不敬共相誚責此其異也大抵數郡風俗與古不殊男子多務農桑崇尚學業其歸于儉約則頗變舊風東萊人尤朴魯故特少文藝



愚按漢志趙女彈弦跕躧徧諸侯之後宮至隋則濟南多倡豈亦高洋之遺風歟今齊俗比燕趙諸郡號爲朴野東方尤甚惟濟南水陸輻湊商賈所通倡優游食頗多皆非土人欽佐廉察日朔望行香三皇廟廟旁見倡家立命逐之逮今城中無此輩上官賢牧存心風化此亦易事云

洛陽伽藍記後魏楊衒之撰後魏太傅李延實者莊帝舅也永安中除青州刺史將行奉辭帝謂實曰懷甎之俗世號難治舅宜好用心副朝廷所委實答曰臣年迫桑榆氣同朝露人間稍遠日近松丘臣已久乞閑退陛下渭陽興念寵及老臣使夜行罪人裁錦萬里謹奉

明勅不敢失墜時黃門侍郎楊寬在帝側不曉懷輒之義私問舍人溫子昇子昇曰吾聞至尊兄彭城王作青州刺史聞其賓客從至青州者云齊土之民風俗淺薄虛論高談專在榮利太守初欲入境百姓皆懷輒叩頭以美其意及其代下還復以輒擊之言其向背速于反掌是以京師謠語曰獄中無繫四舍內無青州假令家道惡腸中不懷愁懷輒之義起在于此也潁川荀濟風流名士高鑒妙識獨出當世清河崔叔仁稱齊士大夫曰齊人者外矯庶幾內懷鄙恡輕同毛羽利等錐刀好馳虛譽阿附成名威勢所在促其歸之苟無所資隨即捨去言囂薄之甚也



欽按此亦五胡南北亂離之際青有此俗蓋牧守有賢否民心有好惡上之黜陟賞罰不足以厭其心激之使然也甚則至于孫恩之醢縣令黃巢之殺官吏豈特懷輒而已書云予視天下愚夫愚婦一能勝予聖人之畏民如此寧有怒上之俗哉金末內翰鄭子聃知沂州作十愛詞有云我愛沂陽好民淳訟自稀誰言珥筆混萊夷行見離離秋草鞠圄扉俗有登萊沂密腦後插筆之語子聃治沂民淳訟簡可比山谷江西道院之論故云後之[illegible]牧疾民訟而無德化專恃刑罰欲勝民者能無[illegible]乎

王曾沂公言行錄云沂公青州人宋真宗問曰卿鄉里諺云井深槐樹麤街闊人義疎何也曾對曰井深槐樹麤土厚水深也街闊人義疎家給人足也真宗善其對

余按古諺鄙齊俗之薄于義也齊自孟嘗任俠過義後世反敗其俗至于近代不惟鄉義疎薄骨肉之恩亦虧喪矣葢因金亂瘡痍之餘重以李璮之困民有跬地銖產必分膝下嬰孺亦于昆仲有彼已之辨風俗大壞且五代干戈之際民有累世同居旌表者在在紀之豈有承平百年風俗乃薄惡如此可勝歎哉漢志曰南陽好商賈召父富以本



業潁川好爭訟分異黃霸化以篤厚君子之德風也然則齊俗之弊果不可變邪

齊乘卷五

益都段松苓赤亭校

齊乘卷五考證

蓬萊閣

坡公作詩遺垂慈堂老。據蘇集作垂慈堂老人此脫去人字

秦宮

東南臨海縣有七井。按寰宇記云東南西面臨海南有七井水于氏文誤

歷下亭

府城驛邸內歷山臺上。按歷城縣志此宋以後之歷下亭杜詩所謂海右此亭古卽水經注之池上客亭也據此則唐歷下亭當在城西而今亭本艾氏宅見李興祖記又非宋元之舊矣



鵲山亭

城北鵲山湖上少陵詩登歷下員外新亭是也。按李杜詩題皆云登歷下古城員外新亭則歷城縣志謂新亭在城上者是也鵲山湖亭自在城北于氏與新亭混爲一誤

北渚亭

水經注濼水北爲大明湖西有大明寺水成淨池池上有亭卽北渚也池今名五龍潭亭則廢矣。按晁無咎北渚亭賦序亭爲曾子固守齊所作取杜詩名之蘇子由北渚亭詩云西湖已過百花汀未厭相攜上

古城是亭在北城上矣于氏引水經注云云似以北渚亭爲唐歷下亭而下云湖上舊有水西環波亭則仍指城內之湖而言與池名五龍潭自相牴牾也

仁風廳

其後水香亭○按陸釴山東通志水香亭在歷下亭旁歷城縣志亦云疑在湖上

靈巖寺

靈巖山疑卽水經之玉符山也○按第一卷西龍洞山下云龍洞西南有方山疑卽水經之玉符山此又以靈巖當之非是歷城縣志曰齊乘云靈巖山與方山相連疑卽玉符山後人遂以靈巖爲玉符不知靈巖山前後之水源流皆與朗公谷水無與其非玉符不待辨也



桓公祠墓

臨淄東南十里○第二卷女水條下云臨淄東南十五里

唐貞觀十年太宗詔禁樵採○按元和志當作十一年

三士冢

曹操旣殺孔融楊修又送禰衡荆州假手黃祖三子者天下之望也武侯梁父吟殆爲此設○按後漢書及三國志注操送禰衡荆州事在建安初孔融之死在建安十三年楊修之死在二十四年武侯于隆中已

爲梁父吟而建安十二年卽出應昭烈之聘則豈爲三子作邪且其文曰旣殺融修又送禰衡皮似二子先衡而死者乖謬甚矣

田和冢

東南者謂是齊胡公冢胡公獻公父亦反葬于周。按史記齊太公世家太公卒子丁公呂伋立丁公卒子乙公得立乙公卒子癸公慈母立癸公卒子哀公不辰立自太公至哀公凡五世哀公之弟靜爲胡公山爲獻公恐不在五世反葬之數胡公與獻公爲兄弟亦非其父也水經注堯山西望胡公陵孫暢之所云青州刺史傅宏仁言得銅棺隸書處則胡公冢在齊



明矣

逢萌冢

郡志在濰州營陵古城中記在益都縣云高士冢。按于氏引郡志不知何書記謂寰宇記也其他引書多類此水經注云濰水又東北逕下密縣故城西又東北逕逢萌墓又北逕都昌縣故城東是子慶墓在都昌故城南樂記入益都縣下誤矣後魏書地形志膠東有逢萌墓魏膠東縣故下密地與酈注叙逢萌墓于下密城北者合則謂在營陵城中亦誤

鳳凰臺

金永安二年碑刻在焉。按金史無永安年號疑當作承安章宗時也

任光冢

樂安城西二里。按水經注濟水又東北逕樂安縣故城南城西三里有任光等冢樂安故城在博昌城西北濟水流逕其南去今樂安縣城尚遠則光冢自應在博興縣界而于氏直云樂安城西二里以古律今殆失之矣

貝邱

博興南五里。按水經注澠水又西逕樂安博昌縣故城南西歷貝邱博昌故城在今博興縣南二十里則貝邱距縣當不止五里

麓臺



寰宇記云是宏墓也。按寰宇記作公孫宏墳今于氏題作麓臺而引記云是宏墓省公孫二字不成文義矣

九域志云公孫宏讀書處。按九域志無此文

柴阜

密州安邱西五十里。安邱縣志作四十里

慈阜

齊記云營陵南今濰州昌樂四十里有慈阜。按寰宇記引晏氏齊記云營陵城南四十里有慈阜今濰州昌樂五字疑本于氏注文誤升爲大字寰宇記又云王修墓在安邱縣西四十七里

管寧墓

柴阜東十餘里○按水經注郊安墓在柴阜西南此云在東誤

王章墓

寰宇記云安邱縣西南四十里○按寰宇記作六十里

孫嵩墓

安邱南四十里○此據寰宇記按水經注牟山之西南有孫賓碩兄弟墓碑誌並在安邱縣志云在牟山金溝河西南牟山東北去安邱十五里則云孫墓在縣南四十里者非也

王祥墓

沂州北二十五里○寰宇記晉王祥墓在臨沂縣東北五十里



奚公冢寰宇記作奚仲墓

奚山下古奚邑○當作奚公山下古奚仲邑

淳于髡墓

般陽東六十七里史記○史記二字下有闕文按寰宇記于六十七里下引史記曰齊宣王好士髡等談說之士七十餘人並食上大夫祿髡滑稽多智時人號曰炙輠髡炙下脫輠字死諸弟子三千人爲衰絰于氏書多引用寰宇記此條史記下凡脫去四十四字

蔡相冢

萊州膠水西北金尚書右丞相蔡松年墓也松年子珪亦好學博古仕至禮部郎中出守潍州卒。按金史文藝傳蔡松年正定人拜右丞相正隆四年薨海陵遣待制蕭籲送其喪歸葬正定今平度州何緣有墓其子珪雖除潍州刺史然已得風疾不能入謝致仕尋卒亦無出守之事嘗以萊州府志考之乃宋參知政事蔡齊墓耳宋史齊本傳其先洛陽人曾祖紹爲萊州膠水令因家焉齊卒于潁州范文正公爲作墓誌云葬許州陽翟萊州府志以爲此歸葬地理或有之而又别存蔡相冢曰松年墓與蔡文忠公墓分爲二則仍沿齊乘之誤也至云縣南有蔡邕冢尤齊東野人之語矣

劉豫墓

濟南城西鵲山下。按宋史叛臣傳豫徙臨潢卒濟南不應有墓此後人附會

東方朔祠墓

德州東四十里古厭次城北祠在墓南。按寰宇記東方朔祠在安德縣東四十里不言有墓棣州邵城之墓則與水經注合矣德州無厭次城亦因曼倩祠附會葬詳第四卷厭次古城下

風土

至于土産亦略具前式以相證云。今本無

詩記曰○當作讀詩記

國末可量○量下脫也字不復成文

洛陽伽藍記云云○字句多與本書不同末數語于氏所竄入尤失引書之體且本書此段之末載崔孝忠語亦不可删也